本书出版由“2018年重庆市高校辅导员择优资助计划”项目资助（项目编号：fdyzy2018002）

新时代高校
思想政治教育网络平台建设的理论与实践

朱 琳 著

XINSHIDAI GAOXIAO
SIXIANG ZHENGZHI JIAOYU WANGLUO PINGTAI JIANSHE DE
LILUN YU SHIJIAN

知识产权出版社
全国百佳图书出版单位
—北 京—

图书在版编目（CIP）数据

新时代高校思想政治教育网络平台建设的理论与实践/朱琳著. —北京：知识产权出版社，2020.9
ISBN 978-7-5130-7163-5

Ⅰ. ①新… Ⅱ. ①朱… Ⅲ. ①高等学校—思想政治教育—研究—中国 Ⅳ. ①G641

中国版本图书馆 CIP 数据核字（2020）第 173771 号

内容提要

当代高校思想政治教育面临着重大机遇和严峻挑战。高校思想政治教育网络平台建设应运而生，成为高校思想政治教育的主要方式。高校思想政治教育网络平台建设历经四个发展阶段，日益成熟，涌现出一大批深受大学生喜爱、育人效果良好的优质平台。本书试图通过纵向梳理高校思想政治教育平台建设的发展历程，横向总结高校思想政治教育平台建设的经验教训，逐步明确平台建设的瓶颈以及可能采用的提升路径，从而进一步提升高校思想政治教育效果，为党和国家培养合格人才。

责任编辑：李婧　　　　**责任印制**：孙婷婷

新时代高校思想政治教育网络平台建设的理论与实践

朱　琳　著

出版发行：	知识产权出版社有限责任公司	网　　址：	http：//www. ipph. cn
电　　话：	010-82004826		http：//www. laichushu. com
社　　址：	北京市海淀区气象路 50 号院	邮　　编：	100081
责编电话：	010-82000860 转 8594	责编邮箱：	laichushu@cnipr. com
发行电话：	010-82000860 转 8101	发行传真：	010-82000893
印　　刷：	北京九州迅驰传媒文化有限公司	经　　销：	各大网上书店、新华书店及相关专业书店
开　　本：	710mm×1000mm　1/16	印　　张：	9. 25
版　　次：	2020 年 9 月第 1 版	印　　次：	2020 年 9 月第 1 次印刷
字　　数：	150 千字	定　　价：	42. 00 元

ISBN 978-7-5130-7163-5

前言

党的十九大以来，随着中国特色社会主义步入新时代，我国站在了新的历史方位：技术不断革新，经济迅猛发展，社会矛盾发生重大转变，人民价值取向和思想意识发生明显变化。在此背景下，思想政治教育尤其是高校的思想政治教育，面临着重大机遇和严峻挑战。

一、科技的快速进步既为高校思想政治教育带来了广阔的发展空间，也对高校思想政治教育形成了强烈冲击

互联网的迅速普及，改变了人们的生活方式。2018 年 8 月 20 日中国互联网络信息中心发布的第 42 次《中国互联网络发展状况统计报告》显示，截至 2018 年 6 月 30 日，中国网民规模首次突破 8 亿人，全国固定互联网宽带接入用户数达到 3.78 亿户，光纤接入（FTTH/0）用户总数达 3.28 亿户，互联网普及率为 57.7%。[1] 互联网互联互通，打破传统的信息传播方式，实现了话语双向互动，人们不只是被动地接受爆炸式的网络内容，也是信息的创造者。大学生能够随时随地通过手机连通网络，直接与复杂多元的外部信息接触并交流。以博客、微博、微信、QQ、百度贴吧、论坛、知乎等网络社区为代表的自媒体平台更是以普泛化、平民化、私人化、自主化的传播特点，受到高校大学生广泛青睐。在此背景下，2016 年 12 月 7 日至 8 日，习近平总书记在

[1] 宋向东. 5G、光纤、互联网 中美各有所长 [J]. 通信世界，2018 (26): 41-42.

全国高校思想政治工作会议上强调，要运用新媒体新技术使工作活起来，推动思想政治工作传统优势同信息技术高度融合，增强时代感和吸引力。❶

网络环境为高校思想政治教育带来诸多机遇的同时，也使其面临诸多挑战：第一，网络传播呈现碎片化、快节奏、浅表化的特点，与传统思想政治教育要求系统规范、循循善诱、由浅入深的要求相去甚远；第二，网络氛围呈现泛娱乐化的特点，与思想政治教育的内核不符；第三，网络话题呈现大众化、底层化叙事的特点，与传统思想政治教育自上而下的特点截然不同；第四，网络思潮呈现多中心、多元化格局，审视社会的视角不再单一，舆论场不再只有官方话语，还有个人声音，甚至可影响公共决策，高校学生在还未形成成熟思维方式和价值观时，易受网络上复杂的信息影响从而迷失方向。

二、社会的重大转变为思想政治教育带来了新的生机，也带来了新的课题

随着我国改革开放不断深入并开始进入比较关键的时期，社会发生急剧转型，逐渐呈现工业化、现代化、城市化和信息化的特点，社会形式从单一走向多元，社会的产业结构、经济结构、人才结构和利益关系逐渐多样化，社会思想观念更加开放和包容。习近平总书记在党的十九大报告中指出，中国特色社会主义进入新时代，我国社会主要矛盾已经转化为人民日益增长的美好生活需要和不平衡不充分的发展之间的矛盾。并强调，我国社会主要矛盾的变化，没有改变我们对我国社会主义所处历史阶段的判断，我国仍处于并将长期处于社会主义初级阶段的基本国情没有变，我国是世界最大发展中国家的国际地位没有变❷。社会矛盾的转变在高校思想政治教育尤其是网络环境下的高校思想政治教育中得到了强烈的反映。教育一直在国计民生中占据重要地位，思想政治教育也是其中重要的一环。但是在迈向新时代的过程中，高校思想政治教育的发展也出现了“不平衡”“不充分”的问题。

首先，物质资源上不平衡不充分。虽然如前所述互联网以迅猛之势得到

❶ 习近平. 把思想政治工作贯穿教育教学全过程［EB/OL］.（2016-12-8）［2019-4-5］. http：//www. xinhuanet. com/politics/2016-12/08/c_1120082577. htm.

❷ 引自2017年10月18日，中国共产党第十九次全国代表大会上习近平代表第十八届中央委员会向大会所作的题为《决胜全面建成小康社会 夺取新时代中国特色社会主义伟大胜利》的报告。

普及，高校学生手握多种互联网的电子设备也成为常见的现象，但是许多高校专项资金投入少、技术跟不上，造成用于思想政治教育的硬件设备（如计算机、服务器等）相对缺乏、软件（如相关程序、App、网络平台等）相对薄弱等问题。为完成政策指标或仅仅因为跟风作秀而建设起来的相关思想政治教育平台往往形式呆板单一、内容枯燥乏味，仅仅是将思想政治教育的传统内容、日常事务搬到网上而已，未能发挥网络生动具体、助人身临其境的优势；且通常存在网速较慢、页面操作不够便捷的问题，既达不到教学要求，也不受学生欢迎；加之平台入口往往挂在学校官网不显眼的位置，宣传力度较小，理论教化色彩浓厚，又缺乏特色，导致受众范围狭窄，非人文社科专业的学生几乎不感兴趣，相关专业的学生关注量也很低，用户黏性不强，以致形同虚设，丧失教育价值。同时，高校与高校间联系较少甚至“各自为阵”，忽视“网络命运共同体”，资源整合乏力，进而出现网络资源涣散、重复建设和开发的问题，造成各高校的平台建设水平不一、教育资源质量良莠不齐的局面。

其次，队伍建设上不平衡不充分。第一，技术人员不到位。网络思想政治教育平台需要开发和维护的技术人员，但高校尤其是以人文社科为主的院校，平台主要组成人员仍以传统思想政治教育的队伍为主，包括校党委、团委干部，思想政治教育专业的教师及辅导员等，普遍存在技术人员不足的现象，或者有足够的网络技术人员，但缺乏既懂网络技术又懂思想政治教育的人员，严重影响平台的建设管理和平台的网络安全维护工作。第二，教学人员不到位。高校思想政治教育主体的年龄结构、知识结构存在不合理现象。一些年纪较大的教学人员相对缺乏网络媒介素养，与网络知识脱节，利用网络进行教学时不熟练，或者干脆新瓶装旧酒，就着网络平台却继续沿用传统教学方法，导致教学效果不好；而一些年轻的教师虽相对有较强的网络适应能力，但思想政治教学经验有所欠缺，思想政治素养也有待继续沉淀培养。第三，领导人员不到位。一部分从事高校思想政治教育的领导人员不重视网络与思想政治教育的融合，缺乏网络教育意识，对网络思想政治教育平台的建设不上心，对选拔、培训学校的网络思想政治教育人才也不重视，从而导致网络思想政治教育工作推进迟缓。

最后，服务意识上不平衡不充分。第一，主动性不强。面对社会发展变化和时事动态，高校思想政治教育多是被动应对型，缺少主动掌控型，常常以自上而下安排任务和指示的方式贯彻相关会议精神与学习相关理论，能动意识不够，缺乏“亮剑”精神，工作效果不佳。第二，人性化不足。多数高校的网络平台结构无胜点，内容缺乏吸引力和亲和力，操作不便，功能单一，知识性有余而趣味性不足，同时欠缺事务通知等服务功能，且多数只能在单一的客户端上展示，如在计算机上的平台，用手机登录则无法切换适合手机的页面等。

三、大学生思想状态的明显变化

在科技发展和基本国情改变的基础上，社会上存在的多元化价值观和良莠不齐的网络信息使高校原有的主流意识形态与核心价值观受到巨大冲击，且深刻影响了大学生的思想意识和价值观取向，对大学生形成了一定干扰，加剧了大学生的思想状态的不可控性和复杂性。

首先，政治信仰危机。西方资本主义利用网络开放性、跨国界的特性进行大规模的文化输出和政治渗透，传播西方价值观，并恶意攻击我国意识形态，导致清浊激荡、良莠不齐。个别学生缺少社会阅历，且世界观、人生观、价值观尚在塑造之中，面对与主旋律不同的声音时有好奇心理却难以识别敌我，常常会有茫然失向甚至质疑我国核心价值观进而出现价值观扭曲的状况，价值追求不再是社会本位而是倾向于利己的个人本位，形成独立于主流价值体系之外的个人价值评判标准。更为严重的情况是弱化主流价值观，而崇尚成功学和功利主义。

其次，思想认知危机。当今社会文化逐渐多元，其中存在大量虚假的、恶性的信息，包括色情、暴力、封建迷信、拜金主义、享乐主义、极端个人主义等，严重侵蚀青年学生的心灵健康。同时，信息传播的碎片化导致“短平快”的快餐文化的泛滥，缺乏系统性，追求以关键词夺人眼球，使学生的思维方式浅表化，缺乏对问题系统消化和理性判断的耐心，遑论严肃反思和追省，严重影响青年学生的思想深度和广度，甚至致使个别学生对社会问题和现象形成情绪化、非理性乃至偏激的看法。

再次，心理健康危机。在互联网中成长起来的一代青年大学生容易沉迷网络，成为“低头族”，他们身上出现孤立、冷漠、自我中心等非社会化特征。同时，较之以往的大学生，当代高校学生在市场经济的影响下往往更追求物质享受，忽略精神补给，加之家庭和社会对大学生普遍存在“成功”的期许，而学生个人自身的竞争意识和争先意识也在市场价值的催化下得到强化，普遍存在一定的心理压力，个别学生表现出精神萎靡涣散、情绪起伏大、容易焦虑消沉、多疑抑郁等心理问题。另外，当代学生的学校生活越来越规范化，缺少社会历练，心理上比较感性脆弱，一旦陷入困境和遭遇挫折，便容易萎靡不振，缺乏勇气，抗挫能力较差。

最后，道德失范危机。部分学生在道德选择中，缺少崇高的人生理想，丧失“舍利取义”“舍己为人”等朴素道德精神，在集体利益和个人利益发生冲突时倾向于选择满足个人利益。此外网络具有匿名化的特点，虽然可以有效地保护个人隐私，但个别学生也可能在线上表现出与线下完全不同的行为，且我国网络立法较为滞后，网民的行为得不到有效的监管和约束，形成道德危机。例如，利用所掌握的网络技术攻击正规网站、邮箱、账户，或创建违规违法网页网址，侵害国家、个人的信息安全和财产安全；在网络上散播不真实信息、有害信息、恶意攻击他人和损害公共利益的言论，或轻信他人虚假信息并盲目跟风附和；浏览和传播低级趣味的网络资料；利用网络剽窃他人原创作品和成果，侵害他人知识产权等。而这些行为常常不容易为高校教育工作者及时发现甚至不可能发现。

除此之外，传统高校开展思想政治教育与新时期学生的实际情况产生了潜在的矛盾。一方面，过分强调教育者的主导作用。传统的思想政治教育模式是安排固定的课表和教室，“一个黑板、一支笔、一本书”“开大会、上大课、看报纸”按部就班地进行，教师在其中具有比较大的权威性，学生在课堂上通常不能够随意打断自由地发表见解。另一方面，教育的内容过于“假大空”，脱离学生生活学习实际，导致在课业之外，学生不仅鲜少与教师进行进一步探讨和沟通，又在自媒体上形成了自己发表言论的小圈子（常见的是朋友圈、微博、知乎等网络社交平台），在网络社交平台发表个人状态时经常屏蔽教师。学校师生间沟通不畅，存在交流隔阂，教师无法及时了解学生的思想动态，更无法及时以主旋律、正能量、理性声音引导学生。由此产生的信息屏障，导致“里面的看不到”——学生屏蔽教师、“外面的进不来”——教师无法了解，从而传统的思想政治教育与新时期大学生产生了话语差异，形成了话语壁垒，给了错误思潮和非理性主张以可乘之机。

以上是高校学生思想状态变化中消极的一面，但不可否认的是，大学生群体的思想状态变化也有不可忽视的积极的一面。如虽然一部分学生存在比较明显的世俗主义和功利主义倾向，理想淡漠，但整体上来说，大学生群体的民族认同感和自信心较强；又如一部分大学生存在价值模糊、集体价值弱化、脱离社会主流价值体系的问题，但换个角度来看，大学生群体的思考模式具有包容性、开放性和革新性，敢于冲破传统框架，挑战权威，追求个性解放。因此，总体上来看，当代大学生的思想状态变化于高校思想政治教育而言，亦是机遇和挑战并存。

面对新时代背景下的这些机遇与挑战，有必要重新思考高校思想政治教育的突围之道。作为一名普通高校思想政治教育工作者，笔者认为，可以顺应时代发展趋势，依托在网络环境中诞生的网络平台，对其充分建设和完善，使其成为新时期高校思想政治教育的前沿阵地。以此为出发点，本书围绕高校思想政治教育的网络平台建设浅作研究，以期为读者提供一点启发和帮助。

目录

第一章
新时代高校思想政治教育网络平台建设的基本概念

第一节　高校思想政治教育网络平台的基本含义

一、什么是高校思想政治教育

思想政治教育是一定阶级、政党、社会群体有计划、有目的、有组织地影响受教育者的思想观念、政治观点、道德规范的社会实践活动，最终价值目的在于使社会成员形成符合一定社会、一定阶级所需要的思想品德。换句话说，思想政治教育是做人的工作，通过实践改造人的认识，使之形成“主流”所倡导的思想观念和品德素质，它是一项兼具知识性和意识形态的教育实践，是我国社会主义精神文明建设的重要内容。而高校作为人才培育、科学研究的重要基地，开展思想政治工作是不可或缺的重要教学内容。高校思想政治教育工作的对象是特定的，受教育者均为在校大学生，通过把思想政治工作贯穿教育教学全过程，并遵循思想政治工作规律、教书育人规律、学生成长规律，旨在引导大学生正确认识和理解国内外发展形势，树立符合社会主流的、正确积极的价值观取向，培养具有远大爱国主义理想和高尚爱国情操的社会主义合格建设者和可靠接班人。总而言之，在当前情势下，可以将高校思想政治教育的概念定义为：高校在党的指导下，有计划、有目的、有组织地影响大学生的思想观念、政治观点、道德规范，引导大学生形成符合新时代无产阶级所需要的思想品德的教育实践活动。

（一）高校思想政治教育的主体和客体

高校思想政治教育的主体是教育工作者，包括思想政治理论课教师、辅导员、班主任、学校党政干部、共青团干部及其他专兼职人员。一般而言，高校思想政治教育工作者自身需要具备的不仅是坚定的政治立场、扎实的理论功底，还需要有将知识有效传递给受教育者的能力。

高校思想政治教育工作者的功能定位主要体现在以下两个方面。

1. 高校思想政治教育工作者是进行思想政治教育工作的直接主体力量

传统的高校思想政治教育主要是通过教师进行面对面、说教式教学。教师具有极大的主导权和话语权，可在学习大纲的框架下安排教学内容、教学进度，因此，教师本身的思想政治觉悟和思想政治素养对高校思想政治教育工作具有重大影响；年级辅导员、班主任及一些其他专职兼职人员则深入学生平时的生活学习中，进行教师未能顾及的课堂外思想政治教育工作。不论是教师课堂上的面对面、说教式教学，还是年级辅导员、班主任及一些其他专职兼职人员课堂外的思想政治教育补充，都属于与受教育者直接接触的教育方式，充分体现了高校思想政治教育工作者进行思想政治教育工作的直接主体力量。

2. 充分调动各方面资源，并与之协作，形成整体思想政治工作大格局

高校思想政治教育相对于其他专业学科有其自身的特殊之处，其肩负着传达统治阶级和政党的政治立场与主要思想、传递社会主流价值观与基本伦理道德、传播法律常识的重任，必须及时抢占话语权高地，打造较为稳固可靠的思想政治阵地。在这一层面上，高校思想政治教育工作者必须调动各方资源和力量，不仅要上传下达，还要在有能力的情况下积极协助其他教育工作者或教育单位，打破思想政治教育系统内不相联系、各自为政的局面，打破社会与学校、学院与专业、部门与学科的资源壁垒，使重要会议和文件精神得到高校学生广泛而有效的接受。

高校思想政治教育的客体则是被教育者，包括整个高校学生群体。明晰高校思想政治教育的客体，旨在明确教育者的工作对象，理清高校思想政治教育与普通思想政治教育工作的不同之处。就普遍而言，高校学生在智力发

展方面，能够相对熟练地进行抽象性和逻辑性思考，对理论性知识的接受内化能力也相对较强，思维方式更具深刻性和批判性；在思想认识方面，其价值观逐渐明确但尚不稳定，有较强的社会责任感和社会参与意识；在道德认知方面，对社会基本伦理道德有较为全面的认知，能够基本遵循，但容易受外界诱惑和影响。就个体而言，高校学生存在较大的个体差异。学生专业不同，其思维方式和知识接受方式就有较大差异，加之其成长环境等因素的影响，各自已经形成较为固定的思维模式，后期难以改变，因此，高校对学生进行思想政治教育时既要注意把握学生的普遍性也要关注各学生的个性化，因材施教。

传统高校思想政治教育中，教育的主体和客体是主导和附从关系，即教师处于权威、领导的地位，学生处于依附、次要的地位。对于教育工作者而言，其权威性有以下几种来源：一是学校及教育机构赋予的合法权力，教育者可以行使权力使受教育者服从，而权力本身的合法性又使受教育者对这种服从建立起自愿的心理基础，从而形成权威；二是教育者本身所具备的教育优势，其往往具备扎实的理论功底、丰富的教育经验和生活阅历，相对于还未脱离校园走进社会的大学生而言，能够更敏锐地发现问题、更有效地解决问题并更迅速地得出问题的普遍规律，在指导学生的过程中自然形成权威性；三是受教育的学生在前两种因素的影响下，加上自身的理性判断，验证发现教育者具有较高的正确性时，会产生“自愿地服从”并发展为一种信服力。高校学生处于相对次要的依附地位，在思想政治学习中，往往是被动地获取知识，自主学习思想政治理论的意识较弱，但由于其作为高校思想政治教育的教育客体，具有一定的特殊性，教育者在传授思想政治教育内容时，往往要根据学生的特点去建立知识与学生的联系，在课堂教学中尽可能激发学生的主动性和创造性，鼓励课堂外的自我知识补充。因此，在传统的高校思想政治教育中，教师尽管处于主导地位，但以学生为中心来开展思想政治教育工作，往往能取得更为优良的教育效果。

（二）高校思想政治教育的目标和内容

立德树人是高校思想政治教育的根本目标。高校大学生群体是宝贵的人才资源，高校在注重提高学生专业知识能力的同时，也要注意到其思想状况、政治信仰、价值观、道德观等，这都是关系中华民族伟大复兴和中国特色社会主义建设的重要因素。在复杂多变的国内外环境中，必须通过加强高校的思想政治教育，才能坚定大学生的理想信念和政治立场，培养其浓厚的爱国意识和社会责任感，引导其形成正确的价值取向、艰苦奋斗的精神、团结协作的观念，强化其心理素质，使之成为真正的高素质人才。

高校思想政治教育的内容主要有思想教育、政治教育、心理教育、道德教育和素质教育几个部分。

1. 思想教育是先导

高校思想教育的核心内容是用马克思主义武装学生头脑，包括世界观、人生观的教育。一方面，以马克思列宁主义、毛泽东思想、邓小平理论、“三个代表”重要思想、科学发展观、习近平新时代中国特色社会主义思想为指导，教授辩证唯物主义、马克思主义认识论、历史唯物主义，帮助学生获得弘扬科学精神、贯彻唯物主义、正确认识世界的能力，提高学生从实际出发、理论联系实际、解决问题、改造世界的能力；另一方面，对学生进行人生理想教育、人生目的教育、人生价值教育、人生态度教育，指导学生形成健康的对人生的总看法和根本态度。从微观层面而言，能够正确面对人生道路发展方向，勇于作出人生选择。从中等程度而言，能够感悟全心全意为人民服务的精神内涵，站在人民立场上处事、为人民的利益发声、尊重人民的主人翁地位。从宏观层面而言，能够有较强的社会责任感和历史使命感，积极投身社会主义建设，为社会做力所能及的贡献。总的来说，高校思想教育主要目的是使高校学生主客观相符合，以科学的马克思主义世界观为人生观指出途径，指导学生以正确的人生观体现其世界观。

2. 政治教育是核心

面对纷繁复杂的社会思潮的侵蚀、西方资本主义的政治渗透和恶意攻击，高校大学生处于政治信仰的初级形成时期，往往容易受到迷惑、动摇，因此，高校的政治教育尤为重要，不可轻视。高校的政治教育包括基本国情教育、党的基本路线教育、形势政策教育和爱国主义教育。基本国情教育旨在使高校学生对我国正处于社会主义初级阶段有正确的认识。我国不能离开社会主义，而且要坚持社会主义不动摇；同时我国的社会主义处于发展的初级阶段，要从实际出发，不能急于求成。党的基本路线教育旨在使高校学生深刻理解坚持以经济建设为中心、坚持四项基本原则、坚持改革开放、坚持“两个基本点”的内涵，深刻了解党的艰辛历程，并引导学生为把我国建设成为富强、民主、文明、和谐的社会主义现代化国家而奋斗。形势政策教育是使学生对社会发展态势有一定的了解，并初步理解党和国家各个时期制定的行为准则，从而准确把握国情、世情、党情。爱国主义教育要引导学生形成国家荣誉感、自豪感及高尚的爱国情怀，使其将这种情感转化为理智正确的爱国行为，如为国家建设奉献自身的力量和智慧。

3. 心理教育是基础

高校大学生处于校园和社会的过渡期，往往面临着来自学业、工作、家庭及其他方面的各种压力或干扰，容易产生各种心理障碍和疾病。高校的心理教育主要通过心理辅导、咨询、训练等方式，运用教育学、心理学等理论为学生提供帮助，以缓解学生的心理压力，缓和心理冲突，解决心理问题，优化心理素质，使高校学生形成良好的心理状态，更好地投入学习和生活；更进一步帮助学生形成良好的个性特征、行为习惯和道德品质，减少负面表现，提升人格魅力，促进学生各方面的发展。

4. 道德教育是重点

高校的道德教育包括集体主义教育、职业道德教育、社会公德教育、家庭美德教育，旨在规范和引导学生的道德行为、道德评价和道德观念。集体主义教育帮助学生理清个人利益、集体利益、国家利益，并学会在实际生活中正确处理它们的关系，懂得目光长远，顾及全局。职业道德教育则是教育学生在进入社会岗位从事工作时，敬业爱岗、克己奉公、不谋私利，树立职业观念，为社会做出应有的贡献。为了维护社会公共秩序和善良风俗，社会公德教育以引导学生尊老爱幼、助人为乐、团结他人为主要内容，从而在校园和社会中营造出良好积极的风气及文明健康的氛围。家庭美德教育虽然往往不受重视，但也是高校道德教育中不可缺少的一环，主要内容包括教育学生孝顺父母、家庭成员间平等互谅，使学生树立起婚姻自由等正确的家庭意识。

5. 素质教育是补充

高校大学生作为高学历劳动者预备役，必须提高综合能力和素质。高校素质教育作为思想政治教育中的一环，旨在培养学生独立自主、勇于创新、追求真理、崇尚科学等良好素养，为中国特色社会主义建设输送合格的建设者和接班人。

（三）高校思想政治教育的手段和载体

思想政治教育的手段和载体是指思想政治教育工作者在进行思想政治教育时，所运用的传递思想政治教育内容的某种活动形式，同时这种活动形式能够促使教育者与被教育者发生互动。

传统思想政治教育手段和载体包括召开会议、主题讲座、开办学班、历史展览、红色旅游、理论学习、谈心谈话等，注重信息和内容的集中灌输。这些传统的思想政治教育的手段和载体在中国共产党领导中国人民进行革命和改革的过程中产生、发展并逐渐趋于成熟，是不断结合中国国情的产物。在最初的革命年代，开会、理论学习、谈心谈话等活动的开展，为中国人民军队和普通民众树立起了民族信心与精神支柱，也推动了革命史上统一战线的形成，取得了卓有成效的思想政治教育效果。在社会主义改革进程中，人口的流动速度加快，社会思潮暗流涌动，各种主义甚嚣尘上，思想政治教育在其中也发挥着不容小觑的作用：纵向上，引导人们以不同时空为线索，回谏来路、展望归程，如以主题教育内容为主线串成思想政治教育系列，通过开展模范人物宣讲、参观革命基地、推荐历史书籍、举办纪念展览等方式进行爱党爱国教育；横向上，引导人们从不同层次和侧面认知与接受思想政治教育的内容，如举办知识竞赛、演讲征文、专题讲座等活动，播放思想政治教育相关电影、广播等。

现代思想政治教育的手段和载体在传统思想政治教育的手段和载体的基础上加入了现代科技元素，是传统思想政治教育载体的拓展和延伸，并得到广泛应用。首先，凭借网络技术发展起来的网络思想政治教育即“网络载体”广受欢迎。2004 年 10 月 15 日，中共中央、国务院《关于进一步加强和改进大学生思想政治教育的意见》指出，“主动占领网络思想政治教育新阵地。要全面加强校园网的建设，使网络成为弘扬主旋律、开展思想政治教育的重要手段。要利用校园网为大学生学习、生活提供服务，对大学生进行教育和引导，不断拓展大学生思想政治教育的渠道和空间”。网络成为高校进行思想政治教育的重要媒介。其次，“心理咨询载体”也在思想政治教育领域得到开拓和发展。高校近年来纷纷增设心理咨询室，除了心理咨询教师等专职人员，还纳入了辅导员、班主任等兼职人员，为学生提供心理咨询和心理访谈，解决大学生可能存在的心理问题和心理矛盾。网络手段和心理咨询手段拓宽了思想政治教育的渠道，弥补了传统思想政治教育手段的缺陷，具有极大的时效性，体现在它能使学生突破时空界限获得更多、更新的思想政治教育理论成果和信息内容，使教育者能够及时反馈教育情况，使党和国家及时传播、贯彻最新政策。与此同时，它还能充分调动学生的主动性和积极性，使受教育者的主体地位得到尽可能的平等尊重，改变传统教育的单一性，促使“教育者中心”向“受教育者中心”转变。除此之外，现代思想政治教育的手段和载体还包括“管理载体”和“文化载体”。“管理载体”是指在管理工作中开展思想政治教育，在高校中，大多是运用校规校纪、道德法律等来规范和约束教育对象，包括学生管理、教务管理、党务管理、行政管理。“文化载体”主要是指“第二课堂”系列和大众传媒文化载体，前者是以丰富高校学生的校园文化为目的，包括且不限于大学生社团活动、党建活动、社会实践活动；后者如校园网、校园报、校园广播等。总之，现代思想政治教育载体极大地丰富了思想政治教育形式。

尽管传统思想政治教育与现代思想政治教育的手段和载体不尽相同，但在本质上，二者的根本目的和任务都是一致的。因此，不能割裂来看待，应注重多种不同手段的整合和协调，在实践中要一切从实际出发，以时间、地点、条件为转移，根据不同手段的特色，灵活采用，哪个合适用哪个，以期发挥不同手段的最大效用，共同促进思想政治教育的完成。习近平总书记也曾强调，“各门课都要守好一段渠、种好责任田，使各类课程与思想政治理论课同向而行，形成协同效应”。同理，不只各类课程要与思想政治理论课形成协同效应，各种其他手段和载体也要各就其位，形成整体效应。

二、什么是高校思想政治教育网络平台建设

1994 年我国年接入国际互联网，进入 21 世纪，我国网络建设得到长足发展，高校也在改革开放、高等教育大众化、高等教育信息化的政策下，大力推动“互联网+教学”“互联网+管理”“互联网+科研”“互联网+图书资源”的新模式，构建数字化校园，其中心是“互联网+教学”。加之国家对高校的思想政治教育日益重视，高校思想政治教育网络平台应运而生。高校思想政治教育网络平台的发展主要有四个阶段：一是 1994—1998 年，初步搭建阶段，此时大学生是网络的主要适用群体，但网络教育环境还未形成，思想教育工作者指出应加强网络管理和学生行为规范；二是 1999—2004 年，主动构建阶段，教育部先后下发《关于加强高等学校思想政治教育进网络工作的若干意见》《关于进一步加强和改进大学生思想政治教育的意见》，思想政治教育网站在这一阶段得到建设和发展；三是 2004—2010 年，深化发展阶段，传统网络思想政治教育和网络思想政治教育开始不断结合并能够相互配合，网络思想政治教育得到广泛关注及深入研究，一批网络平台也先后建立起来用以开展思想政治教育；四是 2010 年至今，逐步成熟阶段，互联网技术快速发展，网络平台出现了“百花齐放、百家争鸣”的新局面，网络思想政治教育的实践和理论日益成熟。

目前，我国对高校思想政治教育网络平台的研究主要集中在两个方面：一是网络平台的构建，对网络平台的功能设计、内容建设、日常管理与维护展开研究和论述；二是对高校或其他机构自建平台的特定研究，如“易班”和团中央依托中国青年网推出的“青年之声”，还有一些高校依托微信建立起来的小程序和平台。但是，学界少有直接对“高校思想政治教育网络平台”下定义的研究，更多的仅是对“网络思想政治教育”下定义。因此，本书在前人研究的基础上，尝试给出其定义：高校思想政治教育网络平台是依托计算机和网络技术，基于虚拟社会的认知特点，应用网络传播和教育方法，承载思想政治因素，向受教育的高校大学生彰明思想道德、政治观念，能为高校思想政治教育主体所运用，开展思想政治教育活动，且主客体能相互作用的教育传播活动形式，是虚拟的、综合性的、网络化的平台，是新时代下高校

思想政治教育的新载体和新阵地。

一般而言，思想政治教育网络平台主要是互联网移动终端，包括手机App（如微信、微博）、课堂网址网站（如慕课、网易公开课）和微公益程序（如水滴筹、壹基金、蚂蚁庄园）。在高校中，除以上几类外，一般还包括校园BBS平台、校园电视台、校园网上图书馆或资料库等，部分资金充足和技术到位的高校甚至还会结合本校特色与思想政治学科特点自建平台，融技术性、专业性、特色性、教育性、互动性为一体，“线上结合线下”开展思想政治教育。也就是说，对于高校学生而言，思想政治教育平台分为两种：一是来自外部的公共平台；二是来自内部的自建平台。

思想政治教育网络平台并不是将传统思想政治教育照搬到网络上、“换汤不换药”地进行单向灌输式教育，而是巧妙应用网络、新媒体、大数据等技术，促进资源共享、教育教学互动、视频展播互动、校园文化互动，从而促使高校思想政治教育更为鲜活，形成新的教育生态。高校的思想政治教育网络平台一般具有三个基本功能：第一，承载功能，放置储存教育的思想、文化等内容和信息；第二，传达功能，使教育主客体能够及时进行平等互动交流；第三，教化功能，通过有序缓慢的浸润和熏陶，教育对象得以建立起正确的价值观，从而规范约束其行为。

三、高校思想政治教育和网络平台之间的关系

（一）内容和形式的辩证关系

内容和形式的关系通常是相互依存、相互转化，是对立的统一。一般而言，形式依赖内容并由内容决定，随着内容的发展而发展。高校思想政治教育的内容和形式也存在这样的辩证关系。一方面，网络平台作为承载思想政治教育内容和信息的载体，只有思想政治教育的理论知识板块充实丰富、信息资源体系完善有序，网络平台才能得到建立、发展并长期存在；另一方面，高校思想政治教育的内容依托网络平台这个新型载体得以传播，网络平台可采用图片、音频、视频、广播等多种技术手段，极富交互性、趣味性、生动性，能够使以往枯燥、“高高在上”的思想政治教育内容以更“平易近人”

的姿态为学生所接受；此外网络平台在具有极大的储存空间、能够承载大量信息的同时，还能通过小程序进行筛选，尽可能呈现优质的教育内容，并能够实时更新。思想政治教育内容与网络平台这种形式相互配合，往往能够提升教育效果。

一直以来，在党和国家的大力支持下，高校思想政治教育的内容都比较受重视，而高校思想政治教育的形式则长期处于传统单一的状态。改革开放以来特别是引入互联网之后，高校思想政治教育的形式逐渐多样化，改变了以往使学生“不堪重负”的重内容轻形式的局面，但又日益显露出另一个问题：高校思想政治教育的内容和形式并不匹配，在部分高校存在大面积大范围生搬硬套、相互脱离的情况。一方面，盲目追求实现“互联网+”，高校在技术和资金无法支撑的情况下，强行开拓网络平台进行网络思想政治教育，但这种平台往往流于形式，粗制滥造，质量堪忧；另一方面，高校未能及时更新教育内容，教授的思想政治教育内容仍然与传统没有太大区别，落后于时代话语。新时代下，应加强高校思想政治教育内容和形式的结合乃至融合，使其相互匹配，以发挥更大的效用。

（二）教育发展和教育环境的辩证关系

高校思想政治教育和网络平台的关系，也是思想政治教育发展和思想政治教育环境的关系。而高校思想政治教育发展和教育环境的关系可以从两个方面来分析。

首先，高校思想政治教育的发展主要体现在选择教育方向、把握和优化教育内容上，而不同的教育方向也会影响教育环境的趋势和走向，什么样的教育内容往往会形成什么样的教育环境。学生在吸收高校思想政治教育工作者对其传授的思想政治内容后所进行的社会实践活动或日常行为举止会形成群体效应，其自身的素质和修养能够作用于周围的自然条件与社会条件，对教育环境形成影响甚至其本身成为环境要素。网络平台上的网络环境是教育环境中的子系统，自然也受其连动影响。

其次，高校思想政治教育环境能够影响高校思想政治教育活动的开展和学生的思想品德的形成与发展。好的教育环境能够通过积极正面的熏陶和浸润，正向促进学生思想品德的形成，恶劣的教育环境能够通过消极负面的方式阻碍学生形成正确的世界观、人生观、价值观。如网络上盛行的拜金主义、享乐主义等一定程度上腐蚀了学生的心灵，使高校思想政治教育开展艰难，且大大减损了教育效果、延误了教育进度。而对一些英雄模范人物、正面事件的网络报道和宣传，佐证了思想政治教育主流价值观，为高校开展思想政治教育提供了生动的现实素材，有效促进了教育发展。

因此，总的来说，高校思想政治教育的发展影响和决定高校思想政治教育环境，反过来高校思想政治教育环境对高校思想政治教育发展也有影响和制约作用，高校思想政治教育与网络平台所形成的网络教育环境相互影响、相互制约。

（三）现实和虚拟的辩证关系

高校思想政治教育网络平台是信息网络时代的产物，是与传统高校思想政治教育传播的物质实体完全不同的虚拟阵地。传统的高校思想政治教育，无论是理论政治课、召开会议，还是举办主题讲座等，都是真实地发生在现实世界中；而网络平台上进行的网络思想政治教育，则是发生在信息化、数字化的虚拟世界。二者关系是现实和虚拟的关系，是对立统一的辩证关系。

首先，二者具有对立性。从思想政治教育的视角出发，虚拟是在网络社会条件下，由人在数字化生存和交往基础上所形成的充满认识关系、时间关系、审美关系和价值关系的活动方式与空间。而现实则是不以数字化方式为形式而客观存在的实际事物及其关系，包括客观存在的自然、社会与人及其活动等。一般来说，虚拟世界与现实世界往往是相互排斥的，现实中的高校思想政治教育于网络思想政治教育之前就已存在，对网络思想政治教育常常会有控制和干预行为，但网络思想政治教育为保持独立性、个性化，往往会产生排斥现实的现象。

其次，二者具有统一性。高校思想政治教育与网络平台上的思想政治教育的统一性主要体现在：第一，从来源上来说，网络虚拟世界的思想政治教育归根结底是在现实世界中的思想政治教育的基础上产生和发展起来的，二者存在不可割裂的关联关系；第二，从整体和部分的结构问题上来说，网络虚拟世界的思想政治教育在广义上和本质上也是现实世界的一部分，网络思想政治教育从属于现实的思想政治教育，其仅仅是一种不同于传统的表现形式，只有其存在于现实世界，才能为人类所感知和使用；第三，从二者的相互作用上说，网络虚拟世界的思想政治教育和现实思想政治教育相互影响、相互借鉴、相互渗透，甚至可以相互转化，如现实中的理论政治课可以进行录制，转化成数字形式上传到网络上，成为网络思想政治教育的内容，而网络思想政治教育的视频或其他内容也能通过真人模仿或打印材料等一系列方式进行实体化。

把握高校思想政治教育和网络平台具有虚拟与现实的对立统一的辩证关系具有重要的意义，不仅能够促进教育主客体更好地认识和控制网络环境下思想政治教育的发展，把握人的思想品德在网络中的发展规律，还有助于进行思想政治理论的新探索，更好地实现高校思想政治教育的信息化。

第二节　新时代高校思想政治教育网络平台的主要特征

当今高校思想政治教育网络平台发展如火如荼，各地高校都拥有了较为丰富的实践经验并取得一定成效。笔者从各高校思想政治教育网络平台的建设实际出发，总结出了高校思想政治教育网络平台的六大特征并加以剖析，以期全面、深刻地把握平台建设和发展的最新动向，提升高校思想政治教育网络平台的发展水平。

一、教育空间上的即时性与隐匿性

高校思想政治教育搭乘着互联网这一高速列车发展迅速，与传统教育模式显著不同，在教育时间和空间上的区别尤为突出。高校思想政治教育网络平台突破了传统课堂授课固定时间、地点的物理局限，突显了思想政治教育网络化的即时性与隐匿性，即教育时间与空间的不受限。

从思想政治教育网络化的即时性来看，一方面教师可随时在平台上发布内容；另一方面学生也可自行选择接受思想政治教育的时间和地点，让教育主体和客体都能获得一种时空的解放并从中获益。对教师来说，通过对网络化教育即时性的运用，可以准确切合当下时事热点，及时更新思想政治教育平台内容而不必囿于课堂的时空局限，让思想政治教育紧跟时代潮流，让教育在生活中随时能够发挥引导性作用，最大限度地保证高校思想政治教育的效果。不过与此同时思想政治教育网络平台的即时性也给教育者带来了挑战：在信息大爆炸的现代社会，每天的时事热点层出不穷，各类观点也是令人应接不暇，何时对学生进行思想政治方面的引导，教育者要选择哪种观点把学生往哪个方向引导，这些都考验着教育者的专业水平和经验判断。而对于教育客体的大学生来讲，这种超越时间与空间的教育模式能让其随时接受教育但也伴随着教育效果低下的风险。因为让学生自由选择时间进行学习这是对学生自律性一个极大的挑战，需要教育者在构建教育网络平台的同时进行一系列制度设计，以保证教育效果。即时性是思想政治教育发展的一个契机，但如何抓住这一契机顺利推进高校思想政治教育是教育者需要思考和应对的问题。

思想政治教育网络平台的隐匿性，指的是教育者和受教育者进行思想政治教育的地点不再是课堂、实践教育基地等特定场所，而是借助互联网这一媒介可以选择任一不特定场合开展教学。应当说教育空间的隐匿性和即时性一起让高校思想政治教育走下课堂、走进生活，让教育者和受教育者都能自由选择工作或者学习的时间，更重要的是让教学能时时刻刻、随时随地开展，这极大助益了思想政治教育的渗透性，并且顺应了“互联网+”时代趋势，体现了学生的学习偏好，提升了学生接受思想政治教育的兴趣和参与度。在互联网和智能手机广泛应用的当代，手机已经越来越无所不能、无所不包，学生已经习惯于通过网络获取学习、生活、休闲等相关资源，因此，也就越发倾向于网络学习，而高校思想政治教育网络平台的建设可以说是顺势而为，打破传统教学模式的禁锢，采取信息化、网络化教学方式赢得学生的青睐，有效推动了高校思想政治教育工作的广泛开展并取得了良好成效。

但这种通过网络建立起来的虚拟教学方式也存在较为显著的弊端。一方面，如上文所述网络教育平台的即时性与隐匿性对教育的客体学生而言，对学习的自律性提出了一定要求，毕竟线上教学具有时间自由、地点不定的标志性特征，在缺乏一定制度性约束的情况下学生的学习状态和成效将难以保证。“水能载舟，亦能覆舟”，当代高校思想政治教育平台建设必须在制度约束上下功夫，让学生在享有自由选择接受教育的便利的同时也要有一定约束。另一方面，网络教学会在一定程度上加剧学生对网络的依赖，这就要求教育者在利用网络平台进行思想政治教育的同时，也要加强平台预防手机沉迷的内容宣传和技术支撑，既要做到最大限度地发挥网络平台思想政治教育优势，又要最大可能地抑制其弊端，不断推动高校思想政治网络平台发展进程。

二、教育信息上的海量化与碎片化

网络时代的来临让信息共享和传播的速度越来越快，互联网搭建起了知识流通的快速渠道，却在速度和数量的优势中丢失了精准性，从而造成了人们低效吸纳知识，这是专属于信息时代的知识焦虑。无论是 2012 年美国政府所开发的致力于提升和增强人们从海量、复杂的数据中获取知识的能力的“大数据研发计划”，还是近些年热议的以各种分析手段对大数据进行科学分析、挖掘、展现并用于决策支持的大数据分析师，都体现了信息大爆炸时代的负外部性。信息量的激增带来了很多问题，比如信息的可靠性、可处理性问题等，这些问题也毫无例外地波及了当代的高校思想政治教育领域，各种教育理念、事态观点如雨后春笋，造成了思想政治教育网络平台在信息方面的海量化和碎片化，如何处理大规模的网络数据和信息，已经成为亟待解决的关键问题。

教育信息的海量化实则对高校的思想政治教育大有助益，一是能够为教育者提供最前沿的教学素材，提升教学品质。因为思想政治教育也是一种科学，容不得囫囵吞枣、草草了事，作为思想教育者就需要阅尽各家论道，最后给出一个逻辑严密的解答，而不是精于一家之言自说自话，如此才能提高思想政治教育的说服力，打造高校思想政治教育的核心竞争力，真正从实质上提升高校思想政治教育水平。二是能够为教育者展现当代大学生的思想脉络，强化对教育客体的认知。针对高校大学生进行思想政治教育，掌握和摸清他们的思想动态是开展思想政治教育的前提，也是引导大学生思潮的至关重要一步，如此才能做到“对症下药”的精准教育。目前，高校学生的主要特点是思想观念多元化趋势明显、功利性行为增多、不能吃苦耐劳、情感丰富、观念开放、学生之间个体差距明显、自立意识增强、网络技术熟练、接受新事物能力强等[1]。教育者务必从学生惯用的网络应用中熟悉和接纳他们的所思所想，才能有效开展教育工作。面对海量化的网络信息，教育者要着重注意收集信息和筛选信息的能力，从收集信息来说，需要熟练掌握教学网站和热门信息门户，如网易、微博等大众化的应用软件；从筛选信息来说，需要教育者对海量信息进行真假甄别，对网络信息时刻保持一种警惕，并加以归纳和梳理。教育信息海量化总的来看还是为高校思想政治教育网络平台的建设提供了很大帮助，让教育主体也能充分接受思想政治及社会经验的再教育，提升专业水平和教学水准，但海量化也是一把“双刃剑”，需要教育者主动收集信息和筛选信息，提高分析数据的能力，让海量的网络信息真正为我所用。

教育信息的碎片化其实是未正确对待信息海量化的弊端的延伸。在互联网时代，信息海量化是一种客观存在，但如果不对数据进行有效的整理和分析，就会出现碎片化的现象，这是对信息进行系统性整合的问题，目前，社会各界也正在努力克服这一难题，力求实现信息供需双方的有效对接。现在部分高校思想政治教育网络平台对系统性教学不够重视，或是囿于信息整合的困难，对海量且有益的教育信息选择视而不见，只顾用旧信息或老观念照搬填充平台内容，或是将海量信息简单添加到平台中，而缺乏了一种逻辑严密的科学精神和教学态度，使得思想政治教育网络平台发挥的作用极为有限。思想政治教育是一门科学，需要系统、严谨的教学知识和思维模式，教师作为高校思想政治教育的主体，必须加强自己的学识素养，加深对马克思主义及其中国化思想的系统理解，并与当代的海量信息紧密联系起来，能够进行鞭辟入里的分析并带给学生思考的空间，以扎实的思想政治功底和严密的思维模式，借助高校网络教育平台讲好每一堂思想政治课，真正理解“培养什么人、怎样培养人、为谁培养人”这个根本问题，努力培养担当民族复兴大任的时代新人，思想政治课的作用不可替代，思想政治课教师队伍责任重大。

---

[1] 陈建甫．浅议新常态下大学生思想政治教育工作［J］．载科教文汇，2019（6）．

三、教育主体上的去权威化与平民化

互联网之所以在新时代如此兴盛，就是因为它搭建了一个平等开放的平台，让每个进入这一网络世界的人，不论性别、宗教、贫穷与富裕，都能自主发声、自由接受信息和传播信息，那么知识便不再如从前一样封闭在某个地区、院校或者学者手中，每个人都有更多的机会进行知识更新并自由表达。因此，传统知识的权威性和表达特权正在逐步减弱，越来越多的大众正在加入社会问题甚至是科学研究的讨论中来，借助互联网的独特优势，大众有这样的能力并且其参与的意愿也正逐步增强。正是在这样的大背景下，我们的教育环境也发生了巨大变化，传统的教学方法是以教师为主体，以一对多的方式在学生群体中先建立一种自上而下的权威模式，然后在掌握这种权威的基础上开展工作❶，这种教师“一言堂式”的教学模式不再符合学生的心理期待和时代趋势，教育主体上呈现出了去权威化与平民化的显著特征。

去权威化与平民化其实是一个硬币的两面，从传统教育主体的角度来看，对教师来说，高校思想政治教育网络平台的搭建是对其传统权威的一次挑战，而对新兴的教育主体来说，平民化了的网络教育平台同样也是机遇与挑战并存。教育主体的去权威化与平民化各有其侧重，在新时代高校思想政治教育网络化的背景下，对传统教育主体和新兴教育主体都提出了不同的要求。

对传统教育主体而言，思想政治教育网络平台使教师的课堂权威有所削弱，因此，教师必须以高质量的教学内容，提升自己在网络平台的教学魅力。由于当代高校思想政治教育网络平台在教育空间上极具即时性与隐匿性，脱离了特定时间与固定的课堂环境，教育空间由三尺讲堂转变为虚拟世界，缺少了面对面的授课和语言、肢体的立体感官，教师的权威不再是与生俱来的，而是需要平等地与其他网络媒体进行竞争，以学生喜闻乐见的形式和意蕴丰富的内容重新获得学生的认可，并最终让高校思想政治网络化教育取得卓越

❶ 田锦宗，陈鹏．微信对高校思想政治教育工作的影响及对策研究［J］．佳木斯大学社会科学学报，2016（3）．

成效。为此，必须以建设高素质思想政治教育人才队伍为抓手，着力提升传统教育主体的专业知识和网络技能，让教师能以较高的技术水准和运营能力搭建在学生中“叫得响”的高校思想政治教育网络平台，能以高度的思想站位和学识水平打造“立得住”的优秀思想政治教育网络平台。目前部分高校的网络教育平台的基本雏形是搭建起来了，但教育主体的专业水平却没有提升、工作思路也没有进行转变，网络平台的内容与传统课堂无异、形式单调简陋，不能在众多社会网络媒体中脱颖而出，没有形成对学生的强大吸引力。应当说，这样的思想政治教育网络平台既没有利用好网络教学的便利性、新颖性等优势，又丢失了传统教学的严谨性和约束性，只是盲目地跟随互联网的潮流，让高校的思想政治教育在时代变革中沦为牺牲品。因此，我们必须认识到各高校思想政治教育在进行网络化转轨之前，先对教育主体进行思想上和技能上的集中培训，切不可盲目跟风，不打无准备之战。此外对传统课堂式教学仍不能一刀切，要保留传统教学的有益部分以填补网络教育的空白，重要的不是网络抑或传统的形式，而是高校思想政治教育能否培养出德智体美劳全面发展、身心健康、能力过硬的时代接班人，这才是高校思想政治教育工作者的初心与使命。

网络让更多大众登上了思想政治教育的“讲台”，担负起立德树人的重任，这让我们高校的思想政治教育更接地气，也让高校思想政治教育主体更为平民化。所谓平民化就是指除传统教师以外的其他社会主体也参与到了思想政治网络教育中来，因此，产生了譬如学生、家长、企业、志愿者等新兴教育主体。新兴教育主体的出现极大地丰富了高校思想政治教育的内容，他们不必碍于课堂的局限，通过网络就能参与到思想政治教育中来，以自身丰富且宝贵的个人体验为学生呈现出更为生动深刻的课程。不同于传统的从老师的角度来看待世界，平民化教育开辟了新的、直观的教学渠道，极大开拓了学生的眼界并提升学生的社会认知，能够有针对性地对高校学生的职业规划、心理建设等方面提供帮助，学生可以直观地看到生活中的榜样，提升了教学体验度，让高校思想政治教育在学生心目中摆脱形而上的固有偏见，真正走进了生活，解决学生的一些实际困惑，从生活层面发挥高校思想政治教育的引导性作用。但是思想政治教育平民化的同时，传统教育主体也要扮演好监管者和引领者的角色，不能缺席。新兴教育主体没有受过系统的思想政治教育，以致教学内容良莠不齐，同时也缺乏教学经验，教学效果无法保证，因此，在教育主体平民化的大趋势下，传统教育主体依然处于主要地位。平民化教育只是一种可加以运用的教学素材，在开展高校思想政治教育时，教师需构建起网络教育平台的教学目标和方案，再根据教学需要适时让新兴教育主体参与进来，平民化教育何时、何地、以何种方式开展全由教师进行掌控，以保证充分发挥新兴教育主体的优势并保证教学质量。

四、教育客体上的个性化与自主化

随着高等教育的普及及信息化、全球化等多种因素的影响，高校学生的个性化和自主化逐渐凸显，学生之间个体差距明显、自立意识增强已经成为当代大学生的主要性格特征。特别是伴随着知识经济时代及信息化时代的来临，加之国内外各种教育思潮的不断冲击与融合，我国高等教育体制也正在进行深刻的变革，传统的批量化、笼统式教育模式逐渐式微，个性化教学逐渐成为大学生学习的潮流。当前教育客体的个性化和自主化其实反映出高校学生在青年这一特殊阶段正在尝试人格独立和思想解放，无论结果如何这都是一场有益于成长的尝试与突破，但是在这一重要阶段由于现实社会的复杂性及多元价值观的存在和传播，学生容易陷入价值观的混乱或者误入歧途，因此，教育主体在当代扮演着越发重要的角色，需要在接纳和尊重不同学生个性的基础上，以学生能够接受的方式适时加以引导，帮助学生健全“真善美”的人格，树立积极向上的价值观，“培养一个人的个性并为他进入现实世界开辟道路”❶。

当代大学生的个性化特征从教育角度来看，主要表现为学习需求的多样化和思想状态的多元化，这就要求我们现今的高校思想政治教育课必须回到儒家所倡导的“因材施教”的理念上来。就同世界上没有两片相同的树叶一

❶ 联合国教科文组织国际教育发展委员会. 学会生存：世界教育的今天和明天［M］. 北京：教育科学出版社，1996.

样，学生的差异性发展越发明显突出，学生的差异性发展对我们的教学提出了更高的要求，如果说在以往环境中面对教学技术有限而学生数量猛增的矛盾下，实施因材施教困难重重，那么在互联网应用快速发展的当代，应当说这是一个极好的教学改革契机。网络平台的搭建为个性化教学提供了物质载体，让学生能够充分利用互联网所具有的海量信息及在线学习优势，使个性化教学成为可能。个性化教学让教育主客体双方实现了供需的有效对接，提升了思想政治教育的教学效率，是一种高效且顺应时代趋势与学生需求的教育模式，但是我们教师队伍技能的提升远没有跟上个性化教学理念的更新。的确，个性化教学相较于传统教学给教师提出了更多的要求，要实现个性化教学，大致需要分三步走：一是前期调查，摸清学生的差异化特征；二是中期教学，针对不同类型的学生合理设置教学内容并精准推送；三是后期跟踪，及时更新学生的思想动态并提供帮助。具体表现为学习时空、学习进度、学习内容、学习模式及学习评价五个方面的个性化。特别是在中期的教学阶段，其教学方法相较于传统模式有较大颠覆，有学者认为个性化学习视域下，思想政治的教育方法主要有说理引导法、实践锻炼法、自我教育法、熏陶感染法、比较鉴别法等[1]。个性化教学的工作之细、周期之长、任务之巨都是传统批量式教学无法比拟的，这需要教育主体加强对个性化教学的学习，关注其与传统教学模式的差异，让个性化教学真正落地，让学生切实受益，让高校思想政治教育发展更上一层楼。

教育客体的自主化在教学层面主要表现为学生的自主意识增强，不再轻信教师权威，有自我私人的知识获取渠道和较为独立的知识框架。在信息化步伐不断加快的时代，学生获取信息和知识的成本逐渐降低，特别是在高校自由、开放的环境下，学生的自主性正逐步加强。这不失为一件好事，因为这既反映出了学生求知的积极主动性，也培养了学生自主学习、独立思考的重要品质，这一点毋庸置疑，教师也不应因噎废食加以阻止，而是应当在个性化教学、了解学生差异化发展的基础上，注重对学生思想的引导而非主导。“加以引导”，是基于学生自主发展的不足。虽然现在学生自主学习的环境有

[1] 邱伟光，张耀灿．思想政治教育学原理［M］．北京：高等教育出版社，1999.

了互联网、智能手机等技术支撑，却缺乏了制度保障，海量信息爆炸式激增，多元价值观层出不穷，而高校学生既缺乏知识积累又没有社会经验，难以在纷繁复杂的信息中明辨真假是非，容易陷入认知的混乱，这不利于学生的健康发展，因此，需要教师的及时干预，以系统的知识积累和丰富的社会经验弥补学生自主学习的短板。“并非主导”，是最大可能保留学生自主性空间。首先，如前文所述，自主性增强是当代大学生的普遍特征，如果教师干预过多就违背了教育客体发展的规律，这极易造成学生的逆反心理，这将导致一个教师教学过度而学生抗拒心理加重、教师继续加强教学力度的恶性循环，这是一种不经济的思想政治教育理念。其次，教师适时、适当地对学生进行思想引导，也是个性化教学的一个重要方面，即尊重学生的个性化、接纳学生的差异性，让每个学生都能有自我思想的一片天地。教育客体是高校思想政治教育的主角，我们的一切教学活动都紧密围绕着学生的发展进行，因此，切实关注当代学生的个性化和自主化特征，对思想政治教育更好、更优的发展大有助益。

五、教育关系上的交互性与开放性

由于当代高校思想政治教育网络化背景下教育主体的去权威化、平民化和教育客体的个性化、自主化的显著特征，再加之教育空间的即时性与隐匿性，教学关系的双方因客观环境的变化已越发变得平等，形成了一种趋于扁平化的教学关系，因此，双方的交互性增强。这种交互性体现在以下几个方面。首先，课程选择的交互性。在现今高校中，大学生按照自己的偏好进行课程内容、教师、时间、地点等的自由选择已成为常态，在虚拟的网络平台中这样的操作更加普遍和流行。其次，教学内容的交互性。由于目前网络媒体繁多再加上学生可以自由选择课程，教师的授课内容必然要最大限度地符合学生的兴趣和偏好，否则课程就难以开展，这就决定了教学内容必须取材于学生。虽然传统教学也会对学生偏好予以关注，但在网络化教育的当下，伴随着教育主体的去权威化特征，这样的要求就越发必要。最后，课外时间的交互性。现在网络媒体盛行的留言互动功能也成功移植到了教育平台中，利用网络空间的即时性和隐匿性特征极大延伸了教学空间，让学生与教师可以不受物理局限实现点对点的答疑交流，提升了思想政治教育的教学效果。在互联网时代下，教育关系的交互性拉近了教育主体与客体的距离，这有利于思想政治教育工作的开展，但教育主体要注意时刻保持自己的教学定力、坚守自己的教育阵地，不随便被潮流趋势和学生喜好牵着鼻子走。同时教师要善用网络平台的留言互动等交互功能，运用好这一功能可以及时掌握学生的思想动态，削减师生之间的距离感。教育关系逐步呈现出的交互性是师生之间的黏合剂，能够很大程度上抑制网络虚拟教学带来的距离感，但这种交互性不是网络自然形成的产物，学生也不会自发与教师互动，需要教师去用心引导与经营，营造自由、开放的教学氛围，并提供强有力的技术支持。

海量的网络信息不仅让教师获得更多教学素材，学生也有了更多渠道获得知识，这就要求我们的思想政治教育网络平台不能固守自己的知识观点，否则将会被学生抛弃，甚至在众多的网络媒体竞争中被淘汰，由此开放化的教育关系应运而生。高校思想政治教育网络平台的开放对象主要有三：一是对教育客体开放。要让学生更多参与到网络思想政治教育的建设中来，也就是上文所提到的师生之间的一种交互性，而不再刻意强调教师的权威。二是对社会大众文化开放。开展网络化思想政治教育从来都不是简单地把原有的课堂内容塞进网络中，相反面对网络平台这一全新的教育媒介，我们要在教学方式上做更多加法。留心观察就会发现，现在许多高校的思想政治教育热衷于多渠道开发大众普及性较高的网络平台，如新浪微博、微信公众号等，同时无论是国家官方的宣传平台还是各高校的教育平台都会适当使用网络上流行的图片、文段等元素，因为这些大众流行元素的存在，高校思想政治教育才能深入大众语境中得以广泛和有效开展。三是对其他网络媒体开放。应当讲教师作为教育主体，对网络运营和技术的掌握程度往往是力不从心的，这时就需要向其他优秀的网络平台借鉴经验，加强同大众媒体的合作，同时吸引来自媒体行业的专业人才，共同参与到高校思想政治网络教育的建设中来，毕竟对高校学生进行思想政治教育绝不仅是学校教师的任务，大学生良好向上的精神面貌需要全社会共同培养和维护。正如有学者指出："大学生思想政治教学要树立'全员育人'的理念，即学校、社会、家庭共同参与对大学生教育与提升。”❶ 但在教育关系开放化的同时，教师也需要对浩如烟海的网络信息和大众流行文化进行筛选与合理使用，避免“娱乐至死”的价值倾向，杜绝语言暴力，积极维护我国优秀传统文化，同时加强对社会其他网络媒体平台营利性的警惕，维护学生信息隐私和财产安全，保持一种有序、理性的交互式和开放式教育关系。

六、教育效果上的渗透性与不可控性

随着各地高校思想政治教育网络平台的建立和运行，我国高校“互联网+思想政治教育”的教学模式开始了初步探索，高校思想政治教学模式正处于重要的转型期和变革期，而经过各地思想政治教师的不懈努力也取得了一定教学成果和经验，为后期思想政治教育网络化的建设提供重要参考。

思想政治教育网络化的突出优势表现在其物理时空和思想引导上的渗透性。一方面从物理时空的角度看，高校思想政治教育网络平台可以渗透到不同时间、地域，为不同人群所用，这是一种形式效果的渗透。因为互联网的普及程度逐渐提升、发展进程也不断加快，如今移动网络已经进入了“5G时代”，人们使用网络进行学习与生活的门槛逐步降低、程度越来越高。因此，网络教育平台的教学内容会以更快的速度向更大的领域和更多的人群进行传播，克服了时间与空间的局限性，高校思想政治教育的传播度和影响力得到了显著提升。同时也因为这种物理形式上的渗透性，让思想政治教育能更广泛地开展，无论是在校同学还是毕业学生都能得到教师的指导，让高校的思想政治教育得以持续焕发动力。另一方面从思想状态的角度看，高校思想政治教育网络平台相较于传统教学模式取得了更丰硕的教学成果，这是一种实质效果的渗透。思想政治教育网络化之所以能取得这样的成就，就在于其顺应了时代趋势和大众潮流，呈现了一堂堂“接地气、有底气、添生气”的高校思想政治教育课。各地高校的思想政治教育网络平台将传统课堂搬到了互联网，充分借助了互联网的即时性、隐匿性及海量信息的优势，让高校教学更加符合学生的学习习惯和时代要求，这是“接地气”；同时不同于一般的网络媒

❶ 程亚萍．论高校全员育人思想政治教育机制的构建［J］．湖北广播电视大学学报，2010（3）．

体，高校的思想政治教育平台是由接受过系统思想政治教育的专业教师运行的，他们有着扎实的理论素养、丰富的社会经验和良好的职业操守，在互联网经济盛行的当代，教师们能够恪守职业道德，为学生提供高质量的教学和贴心的人生指导，帮助学生解决学习、生活中的困惑，助其塑造健全良好的人格，这是“有底气”；此外，我们的网络教育平台充分尊重学生的个性化和自主性，强调个性化、交互性、开放式教学，这样打造出来的思想政治教育网络平台能够紧密贴近学生的所思所想，以学生喜闻乐见的形式开展针对性、精准化的教学，提高了思想政治教育效果，切实让学生在学习中获益，这是“添生气”。

但是由于教学空间的隐匿性，脱离了传统课堂“面对面”授课的形式，网络教学的效果难以监测，在实时教学过程中和课后综合评价阶段出现了教学效果的不可控性。在实时教学的过程中，由于是虚拟的网络教学，学生选择的上课时间、地点不限，学生的学习自由空间较大，那么教学环境难以得到保证。虽然有些高校采取了在网络授课过程中随机暂停向学生提问的方法，却过于机械和简单，没有根本解决这一问题。此外，部分高校也会设置网络授课截止日期并收集学生上课、提交作业的时间、地点等相关数据，但即便如此也存在两个问题：一是收集数据的维度较为单一，不能做到精准分析；二是教师在除教学任务之外也没有能力和精力去进行分析。这一问题的解决之道一在制度，二在技术。制度层面，要建立合理的网络课堂纪律准则，对学生上课的实时情况加以评价；技术层面，则要设置专门的技术人员对学生上课的相关数据进行全面整理与分析，辅助教师做好教学工作。在课后综合评价阶段，作为思想政治类教学评价，无论是传统的课堂模式还是新媒体网络教学都存在着“以分为准”的单一评价体系，但其实在教育现代化、信息化、全球化的大趋势下，我们的教学评价体系也应有所转变，分数的高低并不能反映出学生真实的思想状态和政治认知。教师必须充分发挥互联网的便利优势，引入更多的评价主体和评价维度进行多主体、多元化评价，并将一次性评定的范式改变成多阶段评定，让教师及其他社会人士对学生的学习状况进行持续关注和评价，及时了解学生学习状态、调整教学方向，这既有益于形成科学合理的教学评价体系，更有利于教师及时发现教学过程中的不足，形成高校思想政治网络教育内容的动态调整机制。

第三节　研究新时代高校思想政治教育网络平台的战略意义

一、适应时代发展的重要体现

（1）适应了信息化时代。由于网络技术的迅猛发展，学生尤其是高校学生获取信息的途径不再局限于传统的报刊、电视、广播及课堂教学等，智能手机、计算机等成为近年来备受青睐的浏览和搜索各类信息的主要工具及途径，构建了不同以往的信息时代。新的信息化时代下，信息呈现海量化、碎片化、复杂化的特征，形成了利弊交织的“双刃剑”局面。一方面，大量的信息鱼龙混杂，众多负面信息严重影响了高校学生的价值观形成和精神面貌，使个别学生的思想政治立场受到冲击，伴随有颓废消极的表现；并且碎片化的特征也导致个别学生形成跳跃式的阅读习惯，倾向于摘选自己感兴趣的内容和关键词进行信息获取，容易断章取义，遇事轻率浮躁、急功近利。另一方面，学生的学习、生活、娱乐均融为一处，信息获取更为便捷，对于自制力和自觉性较强的学生而言，大大提高了学习效率。但整体上而言，弊端的表现更为显著。而高校思想政治教育网络平台的构建，能够在一定程度上存利去弊。平台能够及时对接学生，在学生对一些社会问题如有关住房、医疗、就业、社保等发表见解或有所疑惑时，快速进行内容推送，帮助学生在各类声音中作出正确的判断；平台的内容若能够以学生喜闻乐见的方式进行发布，其中富含哲理和巧思的理论知识还能无形中锻炼学生的逻辑思维能力，改善一些学生阅读时缺乏耐心的问题。

（2）适应了大数据时代。大数据时代，数据不仅蕴藏着海量的信息，还意味着巨大的价值。高校的思想政治教育以网络平台为支点，将新媒体信息技术与传统思想政治工作深度融合，创新教育的方式、方法、工作思路、模式，从而充分运用了大数据的优势，适应了时代变化。

第一，整合了数据信息。高校思想政治教育网络平台所依托的计算机系统能够实时收集并储存大量数据，比如学生登录平台学习思想政治课的频率、时长、进度、随课堂测验情况，这些数据单独拎出来也许并无多大意义，但长期而大量的数据记录，能够被加工为有效信息，如通过数据记录，推算学生知识输入输出的高效时间段。

第二，挖掘了数据价值。传统的思想政治教育依赖教育工作者的主观判断和个人经验，实践中难免存在偏差，而平台在集中收集数据后，形成数据池，加上网络技术的支撑，提高了数据的利用率，继而有助于后续对数据的分析，挖掘更多数据意义，充分发挥数据的价值，促进了高校思想政治教育的科学性和准确度。

第三，促进了数据共享。大数据时代的数据首要特征是“大”，小范围的、孤立的数据可参考价值很小。高校思想政治教育平台的建立，能够形成高校思想政治工作网，形成信息发布、工作交流和数据分析平台，促进系统共建和资源共享。一是校内各部门能够在平台上对学生的性别、年龄、家庭背景等基本信息与学生的网页浏览等相关数据进行共享，分析学生在校的学习状况；二是高校之间的数据共享，通过平台之间的相互借鉴，进行技术授权或提供网页跳转链接，避免重复建设和反复投资；三是高校与其他社会部门如政府机构、社会团体、企业等之间的数据共享，有助于即时与社会接轨，也有助于收集学生毕业后的思想状态情况，使高校的思想政治教育适应社会发展需要。

第四，实现了数据跟踪。平台能够运用网络、云计算、监控等技术，对学生相关的学习、思想数据进行全过程、全方位、全天候的实时更新，保证数据的时效性。

第五，提高了教育工作者的数据素养。计算机技术终究只是一项工具，数据的价值最终需要人的参与，方能使其成为有意义的数据。平台的数据种类多、速度快，需要教育工作者具有一定的数据敏感度，对数据的变化趋势、数据之间的关系、数据的关联性有所感知，才能对计算机系统下指令，进行数据分析，进而进行数据判断。平台的建设必然需要教育工作者具有较高的数据发现、分析、判断能力，这在一定程度上能够正向激励教育者改变其知识结构，提高数据素养。

第六，实现了个性化教育和预测型教育。平台能够运用大数据推算受教育者喜欢的方式并推送教育内容，形成有针对性的个性化服务，提高教育实效；传统教育具有滞后性，往往是出了问题再进行事后针对教育，而平台能够通过数据进行提前分析，预测学生可能的思想行为问题，及时调整教学方式和教育内容，比如对学生近来频繁浏览的网页和关注的社会问题进行统计，从而提前备课或者从系统自动匹配相应的课程，对症下药，及时引导。

（3）适应了自媒体时代。首先，在外在表现形式上，高校思想政治教育网络平台的重要表现形式或者说载体就是自媒体，一般是高校发布教学内容和其他信息以影响受众即学生观点与思想的虚拟平台，能够将思想政治教育的核心内容包装成更具温度、更有新鲜感的形式传递给高校学生。其次，高校思想政治教育网络平台适应了自媒体的自由开放性和即时互动性。平台上课堂教学与线下交流紧密结合，学生在接受国家意识形态教育的同时，拥有较大的自主选择权，参与度较高，能够畅所欲言，各抒己见，及时反馈思想动态，打破传统课堂单向“填鸭式”灌输的窘境，消除师生间原有的教育隔阂；同时学生能够在交流之中认识到自己的知识盲区和思想不足，激发学生主动求知的欲望。最后，高校思想政治教育网络平台适应了自媒体时代教育双方主体平等的特点。传统思想政治教育中教育工作者处于主导地位，而在自媒体时代，一方面由于自媒体本身平等互动的特点且得到广泛接受；另一方面由于大学生群体的数量连年增加，思想政治教育教师队伍与学生数量不匹配，两个原因导致教育者的主导地位被弱化，受教育者的主体独立意识得到提升，学生自我教育、自我发展的意识得到增强，师生关系无形之中发生改变，而高校思想政治教育平台的教育模式能够很好地适应这种变化。

（4）适应了高等教育大众化时代。一方面，2019 年全国“两会”期间，代表委员持续关注教育议题，舆论对教育改革的呼声也高于往年，社会上普遍形成了一种“大教育观”的共识；另一方面，我国高等教育持续推进深化改革，高校不断扩张招生，高校学生的数量逐年增加，传统的“精英教育”不断瓦解，转变为大众化的“平民教育”，并得到不断推广普及。另外，教育资源在全国范围内分配不平衡的问题日渐显著。鉴于传统思想政治教育的特点，要适应大众化教育必须有足够的教学团队，但教育队伍建设的不足，已经无法满足教育需求和达成教育效果。而网络教育平台能够共享教育资源，一定程度上能够解决此问题，助力新时期的高等教育的发展。

二、提升高校思想政治教育实效的重要手段

构建新时代高校思想政治教育网络平台，其强大的思想政治学科教育资源整合能力和智能化的数字传播模式，有助于提高教学质量和人才培养效果。平台主要通过以下方式提升教育效果。

（1）更多样的教育方式，提升趣味性。不同于传统的有组织、有计划地开展课程、座谈、谈话、开会及讨论学习的“显性”形式，在“互联网+”的号召下，“三微一端”（即微博、微信、微视、新闻客户端）成为高校开展“微思想政治”教育的重要阵地，以“隐性”渗透的方式对学生进行体验式培养和参与式培养。通过微信公众号进行思想政治教育是最主要的部分，学生利用阅读微信推送的文章进行思想政治学习的比例较高；而微博2018年进行的改版更是将“新时代”主题推上每日热搜榜单的主页头条，“人民日报”“澎湃新闻”等新媒体官微拥有越来越多的青年学生关注者；各大新闻客户端对政事民情的报道和对会议精神的解读也营造了浓厚的思想政治教育环境。建立在这些网络社区的高校思想政治教育平台，无论是形式还是内容上，都与传统的教学模式有很大不同，更加生活化和更具趣味性。

（2）更丰富的教育形式，提升积极性。以往“教师+教材=教学”的单一的照本宣科的模式，使学生对思想政治教育课兴趣寥寥，部分学生上课只知做笔记而不动脑思考，更有甚者倒头就睡或忙着做其他科的作业，课堂气氛沉闷；加之教育效果评价机制单一，重视考察书面理论表达，学生们为不挂科常在考试之前死记硬背进行突击。学生在知识无法内化又缺少社会阅历的情况下，容易成为“思想上的巨人，行动上的矮子”，无法知行合一，更严重者，形成对思想政治教育内容的反感和排斥心理，导致与教育目标完全相反的效果。而新时代的高校思想政治教育平台可利用符号、图片、文字、视频等诸多形式，通过电子化的模式进行大量而快速的传播，声情融汇、图文并茂，从视觉、听觉等多感官多形式反复刺激，使学生在生动、直观、形象的思想政治教育中，激发对思想政治学习的热情和积极性，提

升教育效果。

（3）更广泛的教育受众，提升普及度。在“互联网+”的新格局下，受教育的群体基数得到扩大，学生可根据自身实际情况参与学习，不再局限于传统思想政治教育中的特定单位群体，即传统教育中一个老师只能一次性教授一个班的学生，而新形势下，学生的人数不再受到限制。

（4）更高效的教育整合，提升利用率。“大数据时代”背景下，各高校、教学机构、教学团体可依托大数据，构建全国范围内的资源整合平台，促进学科教学资源整合，提高网络资源利用率，摆脱传统教育各自为政、交流不畅的窘境，避免重复研究和重复教学，节约人力和物力。

（5）更智能的教育模式，提升精准度。通过数据分析，教育工作者能实时、准确地进行数字整合，评估学生的思想状况和知识接受程度，继而开展一对一有针对性的个性化教育，实现实时双向互动，克服传统思想政治教育盲目单向灌输而成效甚微的缺点，避免“一人感冒，众人吃药”的问题，同时也可避免不同性格特点、学习能力、思维方式的学生吃大锅饭的现象，学生可根据自身情况决定进入何种学习阶段和选择学习模式，做到因材施教、分层次教学，且有助于实现精准教育。

（6）更优化的教育内容，提升应用性。以往的思想政治教育，一方面，普遍存在“空洞泛化”的问题，内容上多从宏观角度（如社会建设和国家发展层面）强调政治理论教化和意识形态灌输，严重脱离大学生的日常生活实际，回避现实问题，逃避真实矛盾；另一方面，青年学生生活在复杂多变的社会环境中，面对一些道德滑坡、不符合社会核心价值观的事件，很少能够及时地从学校的思想政治教育中得到解答，学生的真实教育需求无法得到回应，导致教育空有名头，流于形式，效果不好。新时期运用网络平台进行高校思想政治教育，能够将现实生活中的真实案例与大学生关系较近的事件融合进来，使高校思想政治教育话语回归大学生的实际生活，在使学生身临其境地感受案例的同时，也为学生提供师生互动的平台，教师能够依托平台及时地引导学生的思想状态，较之纯粹的理论说教更有实际意义。

三、培养合格社会主义建设者和接班人的重要路径

新时代背景下，高校思想政治教育必须明确教育目标，分清到底要培养什么样的人，才能更好地把握住教育的方向。而 2016 年的全国高校思想政治工作会议上，习近平总书记重点强调："要坚持不懈培育和弘扬社会主义核心价值观，引导广大师生做社会主义核心价值观的坚定信仰者、积极传播者、模范践行者。"[1] 并指出，要"增强道路自信、理论自信、制度自信、文化自信，培养中国特色社会主义合格建设者和可靠接班人"。高校培养的人才，最终要为社会建设和社会运行服务，只以理论知识扎实、专业技能过硬为目标是行不通的，要认清思想政治教育和专业知识教育相辅相成的作用，通过以社会主义核心价值观引导，培养政治立场坚定、具有马克思列宁主义崇高理想、矢志为中国特色社会主义建设事业奋斗终身的社会主义建设者和接班人。如此才能发挥出教育的根本性作用，领会高校"培养什么人""怎样培养人""为谁培养人"的深刻内涵。

青年学生对新事物具有极大的热情，且接受程度高、认知速度快，因此，高校要培养合格的新时代社会主义接班人，利用网络教育平台较传统方式更为有效，表现在以下几个方面。

第一，能够应对高校学生的政治信仰危机，促进意识形态教育。运用网络平台，新时期的高校思想政治教育可以有效地把握网络主导权，迅速抢占舆论高地，将马克思主义中国化的最新成果作为核心内容，开展有针对性的思想政治教育，使学生充分了解世情、国情、党情、舆情，引导学生坚守思想阵地，对重大政治课题建立正确的立场和态度，帮助学生精准地看待社会发展中的问题，形成理性的政治情感乃至政治理想，自觉辨别和抵御来自资本主义的庸俗、腐朽、陈旧等落后思想的侵蚀，用先进的理论武装青年学生的精神世界，形成既适应社会主义核心价值体系又具有独立属性的价值评判能力，坚定走中国特色社会主义道路的立场和决心，进而捍卫马克思主义思

[1] 习近平. 把思想政治工作贯穿教育教学全过程［EB/OL］.（2016-12-8）［2019-4-5］. http：//www. xinhuanet. com/politics/2016-12/08/c_1120082577. htm.

想的一元化指导地位。

第二，能够应对高校学生的思想认知危机，促进科学精神教育。高校能够利用网络渗透的方式，用科学的世界观和方法论武装青年学生的头脑，贯彻唯物主义、无神论、科学精神，帮助青年学自觉识别、抵制伪科学和封建迷信，树立正确的物质观，鼓励学生深入挖掘现象本质，进行创新的、独立的思考，不断提高青年学生辨别是非的能力和思想认知水平。

第三，能够应对高校学生的心理健康危机，促进社会心态教育。好的教育应当“寓教于情”，好的教育工作者不仅仅是知识传播者，还应当是受教者的心灵引路人。只有有灵魂、有血肉、有温度的教育才能引起学生的情感共鸣，达到理想的教育效果。高校思想政治教育网络平台能够利用网络匿名化的特点，对青年学生进行心理疏导，运用大数据筛选可能存在心理健康问题的学生，继而对其进行跟踪性的心理辅导，提供个性化、针对性的心理咨询，解决心理问题，改善其心理状态，提高其心理素质，克服其心理疾病和心理障碍，并潜移默化地将符合大众期待的、健康的社会文化传统、风俗习惯、社会心理传递给高校学生，以有助于其形成良好的思想品质。

第四，能够应对高校学生的道德失范危机，促进人格发展教育。由于学生网络行为的隐蔽性，一般很难对症下药进行针对性的教育，但高校可利用网络和大数据，通过提前的数据跟踪和数据分析，观察学生的思想变化，发现潜在问题甚至预测未来行为表现，从纠偏教育转变为预防教育，不断地通过正确的道德观念、道德评价对学生进行引导，使学生树立正确的行为准则、培养强烈的法律与道德意识，预防学生的网上不道德和不法行为，甚至可无形中悬崖勒马、及时止损。

除此之外，新时代高校思想政治教育网络平台还有助于大学生的全面发展。由于青年学生普遍对网络具有依赖性，因此，网络教育平台能够充分发挥网络灵活性的特点，渗透到高校生活的各个层次和各方面，科学实施教育行为和教学活动，对高校学生进行浸润式的教育，激发学生的潜能和创造力，促进学生的综合发展，积极引导其形成正确的个人价值观，适应社会主义核心价值观的要求和评判标准，实现高校学子从“学生”向“社会人”的身份转变，培养适应社会发展和时代变化的全面发展的人，并将个人发展与国家命运结合起来糅合到社会整体的发展之中，使其能够肩负起社会主义建设的重大责任。

习近平总书记在2016年12月7日至8日召开的全国高校思想政治工作会议上的讲话指出："要从培养什么样的人、如何培养人以及为谁培养人的战略高度阐述高校思想政治工作的战略意义；从一代大学生成长的战略高度阐述高校思想政治工作的战略意义，从整体上改变思想政治工作的宏观生态。"研究高校思想政治教育网络平台，正是开展高校思想政治工作、改变思想政治工作宏观生态的重要一环。

第二章

新时代高校思想政治教育网络平台建设的源流嬗变

1994年，中国正式接入国际互联网，真正意义上开启了互联网时代，高等院校的思想政治教育也就此翻开了新篇章，思想政治教育互联网阵地也就此走进人们的视野。经过20余年的发展与实践，现今高校思想政治教育工作正处于全面发展、逐步成熟的时间节点，网络思想政治教育格局业已基本形成。回顾20余年发展历程，我国高校思想政治教育网络平台建设大致可以划分为初步探索、主动构建、深化发展、逐步成熟四个阶段，每个阶段都有其自身的时代印记和特征。

第一节　初步探索阶段（1994—1998年）

1994—1998年，正处于校园网络起步阶段，彼时受经济条件、技术水平所限，校园网络尚是新兴事物，由此，高校思想政治教育网络平台的建设也尚在初步探索之中。

一、初步探索阶段网络平台建设主要特征

在初步探索阶段，思想政治教育网络平台逐步得到建设，但是传统的教育理念、教育模式和教育方法等教育基础理论和教育实践仍然需要时间来适应技术发展的新变化，平台建设处于以基层自发探索为主要特点的被动适应

时期。

首先，接入国际互联网后，网络硬件设施建设得以快速发展，但是网络思想政治教育环境尚未形成，处于萌芽阶段。国家政策支持、高校学生对新生事物的热情，促进了校园网络的快速发展。国家认识到网络技术在科研、教学层面的重要作用，大力支持校园网络建设，高校校园网络平台的硬件设施条件也得到极大改善。虽然大学生在网络技术使用方面走在社会前列，他们对于互联网技术的应用有着满腔热情，自发探索互联网的应用价值。但是，大学生也受到了互联网负面影响的强烈冲击。网络虚拟世界鱼龙混杂，而接触网络的大学生并不具备明辨是非的能力，大学生面对具有高度自由属性的网络空间，其思想观念、传统道德意识、行为特性的不确定性愈发增大，高校思想政治教育也面临着前所未有的挑战。

其次，高校网络思想政治教育在网络技术冲击之下被动开展，“防、管、堵”成为高校思想政治教育的主要对策，对网络平台建设大多怀有抵触情绪。高校网络平台发展之初，其在思想政治教育领域的重要作用和实践紧迫性尚未得到重视，面对校园网络发展的现实冲击，高校思想政治教育工作者不得不被动开展工作，囿于现实技术条件和教育理念的桎梏，高校思想政治教育工作者在面对网络平台的冲击之时，大多采取“防、管、堵”的应对措施，即开展大学生使用网络行为正面宣传，以期提升大学生网络思想素质；强化对于高校学生使用网络行为的管理，以减少学生使用网络为代价防止网络负面影响；加强对校园网络信息和内容的审查与控制，将负面内容隔离在校园高墙之外。

最后，高校思想政治教育网络平台建设认识不足。一方面表现在思想政治教育网络平台建设的硬件设施、思想教育工作者素质和实际工作能力等普遍不强，缺乏应有的网络知识和技术，带有深刻的时代局限性。学生在互联网虚拟世界中的行为特征、心理状态等缺乏深刻研究，因此，很难贴切地开展思想政治教育工作和网络平台建设工作。另一方面表现在网络平台信息管理方面，对于网络信息内容和传播途径、方式等缺乏控制力，信息控制权威地位受到巨大挑战；思想政治教育的正面宣传缺乏有效、有影响力和吸引力的平台载体。

二、初步探索阶段网络平台建设政策导向

自20世纪80年代，世界上的诸多发达国家争相建设国家教育科研计算机网络体系，极大地促进了教育和科研信息的沟通共享，推动教育和科研事业发展，计算机网络成为教育科研的重要阵地和基础设施。因此，我国决定建设中国教育和科研计算机网络（China Education and Research Network，Cernet）。

Cernet平台建设起始于“Cernet示范工程”，1994年11月，国家计划委员会正式批准了“Cernet示范工程”项目实施研究报告，致力于由政府投资，主导建立全国第一个国家级TCP/IP协议计算机互联网络。1995年6月，北京、上海、广州、南京、沈阳、西安、武汉、成都八个城市的Cernet主干网DDN信道开通，当时的速率为64Kbps，并在次月成功实现国际联网。至1995年年底，Cernet全国网络中心、八大地区网络中心和两个主要节点均已建成，初步具备了较为完善的网络运行和管理体系，连接108所高校，覆盖除港澳台和西藏以外的所有省级行政区域。网络用户数量达到3万余人，一跃成为中国当时最大的计算机互联网络。1996年后，国家相继开展了Cernet主干网络升级工程、计算机网络级应用关键技术研发工程等项目，力图将更多高校纳入计算机网络。到1998年12月，Cernet联网单位超过400个，覆盖中国70多个城市，用户数量超过80万。

Cernet是我国教育与科研领域计算网络应用的先驱，极大地推动了中国教育、科研事业的发展，打通高校科研和教育人员进入世界科学技术领域的入口。就高校思想政治教育层面而言，Cernet为高校思想政治教育工作人员提供了获取信息、加强交流、积累技术和锻炼队伍素质的全新平台，进言之，高校思想政治教育工作人员得以和大学生共同学习新兴技术，对于网络思想政治教育的重视程度也在与日俱增。更重要的是，“Cernet示范工程”为后续高校思想政治教育平台建设提供网络基础和宝贵的建设经验，这在网络刚刚兴起的时代尤为难得。

三、初步探索阶段网络平台建设实践典型

1994—1998年，高校通过国家主导建设的Cernet网络工程接入互联网，网络平台在思想政治教育方面也逐步发挥作用，在此期间，最为典型的是全国高校BBS的兴起并且在校园思想政治教育中发挥着重要作用。

Bulletin-Board-System直译为“电子公告栏（版）系统”，即BBS，是一种开放的社区信息服务系统，目的在于实现用户之间的信息共享与交流。高校BBS则是由高校版主所建立的、基于校园网络建立的信息服务系统，主要面向高校师生，是服务高校师生的网络交流平台。

1995年8月，水木清华站正式开通，成为我国高校BBS发展历史的里程碑，也是中国第一个互联网BBS站点。1995—1996年，众多高校BBS站点迅速兴起，人气规模也与日俱增。出现了一批具有较大影响力的高校BBS站点，如1996年复旦大学的“日月光华”、上海交通大学的“饮水思源”、华中科技大学的“白云黄鹤”，1997年南京大学的“小百合”等，都聚集大量人气，成为20世纪90年代中国高校BBS的代表。此时正处于高校BBS井喷时期，管理相对松散，个别站点甚至出现了过激言论的问题。1997—1998年，国家和高校加强了对高校BBS站点的站规、版主和版面内容管理，并且建立了全新的版主报道制度、新任版主申请制度等，高校BBS站点管理秩序迈入正轨，对于维护高校BBS秩序、促进高校BBS站点正向发展有重要作用。

高校BBS具有一般BBS站点的匿名性、交互性、开放性等特点，同时，又因其用户以高校师生为主，与校园文化和学生个性关系密切，凸显了大学生的独特用户个性，因此，高校BBS具有以下特点：一是贴近校园文化和校园生活，话题相对较为集中。高校BBS以校园师生为用户基础，用户群体较为稳定，且大学生思想活跃，乐于探索新生事物，拥有着属于校园师生群体独特的语言、兴趣和思想特点。二是管理相对可控。相较于普通BBS站点而言，高校BBS确定个体身份的成本较小，并且大学生思想较为单纯，文化水平和思想素质也普遍较高，更加易于管理，道德失范的言论现象较容易控制。三是高校BBS站点功能综合性较强。高校BBS既是学生获取、交流和分享信息的重要平台，也涵盖了校园生活的诸多板块，比如灌水、交友、学习、情

感等，具有强大的综合性功能。

高校 BBS 的兴起与蓬勃发展，对于高校思想政治教育而言具有重要作用和深远影响，但事物的两面性告诉我们必须要从正反两方面来审视这一问题。

一方面，高校 BBS 对于高校思想政治教育工作具有积极作用。首先，高校 BBS 为高校思想政治教育工作提供了更为开放的平台，思想政治教育工作者也能够在高校 BBS 中获取学生思想动态的第一手资料，扮演着学生思想动态“晴雨表”的角色，展现学生思想真实面。基于高校 BBS 用户平等性和交互性，学生可以将此作为思想和信息交流、情感宣泄倾诉的平台，通过论坛中帖子主题、内容等信息就可以直观地反映学生思想变化，能够更加准确、全面、真实、客观地反映学生思想动态。其次，高校 BBS 能够成为高校思想政治教育和校园文化建设的“前沿高地”。高校 BBS 匿名性特点屏蔽了思想政治教育工作者的身份，使其在开展工作时候能够最大限度地淡化说教意味，更加贴近大学生的心理和情感认知，通过这种去权威化、去隔阂化的交流方式，高校思想政治教育工作者得以有效地引导大学生树立正确的思想政治取向。并且，高校 BBS 为学生与思想政治教育工作者提供了平等的沟通渠道，拓宽了校园文化交流的空间，学生反映的问题和言论表现都是高校思想政治教育的重要参考，为教育方法、内容和形式的改进指明方向。最后，高校 BBS 也为学生提供了一道宣泄负面情绪的安全阀，网络发言疏解情绪是思想政治教育工作者的重要补充。从社会学角度来说，社会应当存有一种良性机制，在社会冲突和矛盾出现时，能够提供敌对情绪发泄的通道以避免其累积爆发，起到稳定社会的重要作用，这种软性的社会机制被称为“安全阀机制”[1]。高校 BBS 以相对宽松的言论环境和匿名化的发言方式，使得学生在宣泄和倾诉负面情绪时候更具安全感[2]，是学生抒发内心真情实感的良好通道，避免学生长期将负面情绪积压在心里而出现心理问题，甚至采取过激行为。

另一方面，高校 BBS 的快速发展也对高校思想政治教育工作产生了负面影响。首先，相较于传统信息传播途径而言，高校 BBS 颠覆了原有的大学生

---

❶ 风笑天．社会学导论［M］．武汉：华中理工大学出版社，1997.

❷ 张彦，刘杉杉．从危机管理走向服务建设——高校 BBS 管理初探［J］．思想教育研究，2006（12）.

思想政治相关信息的传播方式，加剧了思想政治教育工作的复杂性。网络信息传播途径和内容多元化，高校学生思想动态把握、舆情导向管控的难度进一步加大。对于思想政治教育工作人员的自身素质要求也进一步提高，具备计算机网络知识和基础技术成为高校思想政治教育工作人员的基本指标，但是在网络刚刚兴起的中国高校，具备这两项素质的工作人员可谓凤毛麟角。其次，网络信息庞杂，对大学生价值观念影响巨大，道德缺失问题日益凸显。高校 BBS 刚刚兴起，还缺乏完善的管理规则，秩序也尚未形成，言论相对宽松自由，容易造成大学生思想取向、价值观念等受到不良言论的迷惑和动摇。此外，过于宽松的环境和网络社会的虚拟性、匿名性等特点，心智不够健全的大学生容易产生逾越道德规范的行为，消解大学生道德观念和道德责任意识。许多学者就曾表达这类隐忧，认为互联网的发展会对学生思想道德、政治素养等方面造成深远的负面影响❶，以致个别教育工作者视网络为洪水猛兽，但是历史的车轮滚滚向前，互联网的发展和普及是大势所趋，与其以“堵”为策，不如主动适应时代变化，将“被动适应”策略导向转变为“主动应对、自觉构建”的应对策略，由此，我国高校思想政治教育网络平台建设逐步进入主动构建阶段。

第二节　主动构建阶段（1998—2004 年）

正如上文所言，伴随着高校进入互联网新时代和思想政治教育工作实践中也出现大量新问题，部分教育思想政治工作者、教育人员已经意识到互联网带来的冲击和不良影响，并着手主动开辟网络思想政治教育阵地。1998—2004 年，主动搭建思想政治教育网络平台成为该时期的主要特征，国家支持思想政治教育工作与网络工具相结合，大批红色网站成为该阶段的实践典型。

一、主动构建阶段网络平台建设主要特征

1999 年 1 月和 2000 年 9 月，中共中央和教育部分别发文，明确指出要加

❶ 王殿华．信息时代高校思想政治工作的新课题［J］．中国地质教育，1999（4）．

强思想政治教育工作，同时也要打造网络思想政治教育新平台、新阵地，大力推进网络思想政治教育工作。国家政策的指引激发了高校思想政治教育工作者对于网络平台建设工作的热情，主动、积极地探索互联网思想政治工作新阵地成为主动构建阶段的主要特征。

其一，高校思想政治工作以主动建设网络平台为主要实践内容。在这一时期，高校逐渐认识到网络平台建设的重要性，进一步加强了对思想政治网络平台建设的投入，将网络作为思想政治教育的新通道，涌现了一大批红色主题的思想政治教育主题网站。思想政治教育工作者开始借助互联网工具开展工作，初步掌握高校网络话语权。

其二，关于高校思想政治教育网络平台建设的理论研究逐步开展，并取得了一定成果，为后续的理论研究和具体实践奠定了基础。基于实践经验，国内在网络思想政治教育内容、方法论、载体、原则等基础理论进行相应研究，并重视网络德育方面理论研究。研究者从多个学科视角审视网络思想政治教育环境，力图将网络新挑战转化为新机遇，结合工具性价值和人文性价值基本理念，强调网络思想政治教育的主动化、动态化、常态化。

二、主动构建阶段网络平台建设导向

（一）国家政策导向

2000 年教育部下发了《关于加强高等学校思想政治教育进网络工作的若干意见》（教社政〔2000〕10 号，以下简称“10 号文”），10 号文充分肯定了部分高校在思想政治网络平台建设方面所进行的初步探索和实践工作，并要求高校要建立健全网络思想政治教育领导和管理体制，完善和落实有关规章和制度；重点规划建设在师生中有吸引力、影响力的网站，加强工作队伍建设；同时更要切实保障思想政治教育网络平台建设的技术人员编制、经费、设备等问题，重视软硬件的建设和规划。10 号文的内容充分反映了在当时的历史条件下，国家对于思想政治网络平台建设的重视，也明确表明了国家对于相关平台建设的政策导向。

10 号文的出台为全国高校在思想政治教育网络平台建设方面指明了基本

方向。根据国家政策导向，高校成立了校园网络平台领导和管理机制，部分高校党委以思想政治教育、学生工作、网络技术等部门为主体，组建专门的网络平台管理和建设机构，投入专项经费；建设了一批网络党校和团校官方网站，设立有关于思想政治理论学习、时事政治教育、心理咨询答疑、校园文化建设等内容的网站平台，对于开拓高校网络教育平台具有重要意义。

2004 年中共中央、国务院发布的《关于进一步加强和改进大学生思想政治教育的意见》（中发〔2004〕16 号，以下简称“16 号文”），进一步明确高校思想政治网络平台建设的方向和重要性。16 号文将网络平台建设作为“新形势下大学生思想政治教育的有效途径”，要求各高校“建设好融思想性、知识性、趣味性、服务性于一体的主题教育网站或网页”，并且重视网络思想政治教育队伍建设，牢牢把握网络思想政治教育主动权。

（二）高校网络建设发展导向

在主动探索阶段，我国网络建设尤其是高校网络建设方面取得了重要成果，为高校思想政治教育网络平台建设奠定了硬件和技术基础，高校网络平台的发展也逐步走向更为成熟、全面的综合化发展方向。

1. 推进高校网络硬件设施建设

1998—2004 年，国家进行了一系列网络硬件设施的建设工程，甚至有专门针对高校进行的校园网络建设工程，这些硬件条件建设工程的顺利进行，为高校提供网络技术设施和平台建设的基础条件。

截至 1999 年 12 月，国家网络建设代表性项目——“中国教育和科研计算机网”联网高校、科研机构已达 550 个，覆盖了包括省会城市在内的 80 多个城市，联网用户超过 200 万人。2000 年年底中国教育和科研计算机网主干网升级工程圆满完成，在 2001 年年初进行中国教育和科研计算机网高速网络建设工程，历时一年多时间，国家高速主干网络建设顺利完成。通过一系列网络建设工程，拓宽了中国互联网的广度和深度，高校作为网络用户的主力军获益匪浅，校园网络建设有了基本的硬件设施保障。

2001 年年中，国家决定建立“211 工程”高等教育公共服务体系，“教育与科研地区主干网和重点学科信息服务体系”项目是“211 工程”的重要组成部分，该项目的顺利进行将国家高水平、有影响力的高等院校组网连接，是我国高等教育和科研最重要的信息基础设施之一。

2002年5月，经过国务院批准，教育部组织启动了“西部大学校园计算机网络建设工程”，计划用一年时间，完成西部152所高等院校网络基础设施建设，建设西部高校教学、科研网络系统，缩小西部高校与东部高校在网络建设和信息化方面的差距。该建设项目的成功实施全面提高了西部高校在互联网建设、应用、研究等方面的水平和规模，促进全国高校网络建设和应用走向成熟，为高校网络平台建设与发展提供了良好的硬件条件。

2004年年底，中国教育与和科研计算机网作为承办单位组织了一次调查活动，面向全国300余所高校进行“校园网络建设与应用水平调查”，调查结果显示，全国截至当年年底有92%已经建成校园网，7%高校正在建设校园网，连接了千兆级主干网络的高校已超六成❶。

2. 高校网络平台建设与应用的发展方向

国家网络建设和高校网络建设专项工程为高校网络平台建设的进一步发展奠定了基础。1998—2000年，高校校园网络平台建设风潮方兴未艾；从2001年开始，高校网络平台的建设、应用与发展方向逐步向综合化方向转变，力图建设更为成熟的校园网络信息服务平台，整合教学科研、行政党务、思想政治教育、新闻宣传、后勤保障、就业招生、人文心理等信息资源，创造校园网络综合空间。

综合化信息服务体系发展导向为高校思想政治网络平台的发展开拓了新路径，在新发展形势下，许多高校以建立的红色党建网站为依托，开拓性建设了校园信息门户网站或者网页平台。比如，由于党建红色主题网站在学生中的影响力相对有限，为了把校园管理、科研、教育等功能与校园网络建设相结合，发挥网络思想政治教育工作中学生的主观能动性和创造性，清华大学面向学生群体建设了学生门户网站，提升校园网络平台的综合服务能力，同时也有助于网络思想政治教育工作落地。

---

❶ 教育部科技发展中心．大学校园网建设应用状况调查报告［EB/OL］.（2005-6-6）［2019-12-27］. http：//www. cutech. edu. cn/cms/cms/infopub.

三、主动构建阶段网络平台建设实践典型

（一）“红色网站”风潮兴起与电子邮箱的应用

1998年年底，清华大学迈出了高校“红色网站”平台建设的第一步：汽车工程系71班党课学习小组的同学利用校园网，建立了班级理论学习网页，并起名为“红色网站”。该创举受到广大师生和学校管理部门的肯定，因此得到学校大力支持，迅速成为清华大学全校师生理论交流学习的重要空间。随后许多高校紧跟发展方向，开始逐步推进“红色网站”平台建设，一时之间，“红色网站”成为高校网络思想教育的新渠道和新阵地。自1998年伊始，到2004年年底，高校“红色网站”建设可谓成果颇丰，涌现了一大批在高校师生中具有较大影响力的“红色网站”，比如“学生党建之窗”（北京师范大学）、“网上青年共产主义学校”（南京大学）、“学生工作”（中国人民大学）等。据教育部2005年年初统计，全国共有200多所高校建有“红色网站”，占全国高校总数的五分之一以上❶。

全国“红色网站”数量众多，但是其网站内容具体而言可以分为以下几种类别。一是党建党史、理论学习展示窗口的内容，展示党建党务方面理论知识，交流分享学生理论学习后的感悟反思等，为高校师生提供理论学习和交流空间。二是新闻综合信息发布内容，及时推送国内外时事政策、新闻信息等综合信息，掌握权威信息发布渠道。三是师生留言讨论窗口，为师生就理论学习、时事政治等问题的交流讨论提供渠道。

此时，高校“红色网站”和相关主题教育网站呈现出不断发展壮大的全新局面，各类主题教育网站努力吸引学生、增强自身影响力，部分思想政治教育工作者对于网络平台建设的理论水平和实践能力也不断深化。比如，重庆邮电大学在建设“红岩网校”主题网站是创新性提出“六个结合”工作方法，鼓励主题网站文化多样性，积极推进和构建开放、有序的网络文化，并提出将线上教育与线下教育相结合的路径。

❶ 史铁杰．高校思想政治教育网站的现状与发展［J］．思想政治教育研究，2005（2）．

“红色网站”上线和发展可以说是高校思想政治教育网络平台建设历史上一次里程碑式的创举，相较于之前的其他思想政治教育网络平台而言，“红色网站”主题鲜明、内容丰富，大学生在接受思想政治教育时候具有更高自由度，同时也能更好地激发同学们的学习自主性。但是“红色网站”影响力和吸引力相对较弱的问题也日益突出。

2000 年后，电子邮箱（E-mail）使用率越来越高，根据中国互联网络信息中心发布的数据，2000 年电子邮箱的使用率超过 85%，电子邮箱一跃成为网络用户使用最多的互联网服务，基于电子邮箱大受欢迎的背景，个别高校开始尝试通过电子邮箱进行思想政治教育。2001 年 3 月，天津大学首创先例，开通了“校长信箱”，此后，许多高校纷纷效仿该做法，“校长信箱”“辅导员信箱”“书记信箱”等纷纷出现。电子邮箱的应用提升了思想政治教育的针对性，是一次有益的尝试，丰富了思想政治教育的渠道与形式，最重要的在于，电子邮箱的应用为师生提供了反映学校管理、教学、科研、行政等方面的问题的渠道，对疏解学生矛盾，建设校园文化具有重要意义。

（二）门户网站与“中国大学生在线”网的发展

进入 21 世纪后，高校网络平台建设在思想政治教育工作中的作用日益明显，地位不断攀升，由此，网络思想政治教育网络平台建设从主题教育网站逐步向综合网络社区转变，形成了相对完善成熟的校园网络信息服务体系。清华大学在建设推广“红色网站”后，又建设了面向全体师生的大学门户网站，融入校园管理、科研教学等功能，广受学生好评。

诸多高校逐步将网络平台建设与校园管理、科研教学、行政办公等结合起来，纷纷建设本校的门户网站。这些校园信息门户网站基本实现了校园综合服务功能，将校园内的新闻宣传和信息发布、行政办公、科研活动管理、教学事务管理、后勤保障、招生就业、学生工作、心理教育等统一整合，部分高校将网络接入学生宿舍，为大学生课外活动创造条件。

2002 年，教育部决定组织建设全国性的大学生门户网站，“中国大学生在线”（原域名为 www. univchina. org）应运而生。在教育部组织下，上海交通大学牵头开始筹建“中国大学生在线”网站，该项目有包括清华大学、北京大学、中国人民大学、南开大学、武汉大学等高校在内的60余所高校参与，还得到新浪网、深圳新闻网、东方网等单位大力支持。2004年4月底，“中国大学生在线”网站完成第一期建设，同年5月17日，网站正式开通。网站创设有教育资讯新闻、神州校园、时事新闻、精神家园、群星璀璨、原创舞台、学术星空、援助中心、大学讲坛、东西南北风、网上活动专题及学友邮箱等共计12个栏目板块或应用功能。

“中国大学生在线”网站后续建设工程顺利完成，并紧跟网络技术发展潮流，进行多次改版和提升。时至今日，“中国大学生在线”网成为国内最大的大学生思想政治教育门户综合性门户网站，覆盖全国2600余所高校，在全国550余所高校设立校园网络通信站；建设了校园、活动、趣课堂、读书吧、职场、辅导员等10余个频道、50余个栏目，每年举办20余个品牌活动。

第三节　深化发展阶段（2004—2010年）

2004—2010年是思想政治教育平台建设的深化发展阶段。在这一时期内，网络文化建设对于社会先进文化建设具有重要的助推作用，中国特色社会主义事业和文化发展的战略布局都包含了网络文化建设这一内容，高校网络思想政治教育成为高校教育事业的重要一环。

一、深化发展阶段网络平台建设主要特征

在深化发展阶段，高校网络平台建设实践主要具有以下特征。

首先，全国高校网络平台建设、发展、研究与应用方面的实践更加成熟和完善，大学生对于网络使用愈发依赖，校园网络平台在高校思想政治教育工作中的地位愈加重要、作用愈发显著、影响更为深远。校园网络经过近10

年的普及、发展和使用，在大学生眼中已经不再是新奇事物，大学生使用网络的情况变得非常普遍，同时大学生更依赖于网络。因此，网络平台逐步占据高校学生学习交流的主要通道地位，也让网络平台建设在高校思想政治教育工作中的作用变得更为重要。

其次，高校思想政治网络平台建设日益重视线上教育与线下教育相结合的形式，注重教育形式联动协调发挥作用。如前文所述，综合信息服务平台性质的门户网站逐步兴起并得到大力发展，高校相关工作人员的工作意识也更为现代化，看待高校网络平台建设问题角度更为丰富多元而全面，反映在网络思想教育和平台建设上，则是从线上线下相对割裂的工作模式向线上线下相结合的工作模式，上文所述之重庆邮电大学提出的“六个结合”就是这种模式转变背景下的代表理论。

最后，在这一时期，对于网络思想教育研究也进入到较为全面发展的时期，网络思想教育理论体系、平台建设理论体系等相关研究成为理论研究的主要方向。这样的研究成果和方向的出现，也得益于 1994 年高校网络时代开始到 2004 年这 10 年间网络平台建设发展和实践经验，10 年的理论研究与实践经验积累，为高校网络平台深化发展、深入推进奠定了扎实的基础。

二、深化发展阶段网络平台建设导向

（一）网络建设的国家政策导向

在这一时期，互联网技术的发展已经成为国家创新和技术进步的重要助推器，政府和国家领导人对于网络文化建设都异常重视。比如 2007 年 1 月，中共中央政治局曾就网络技术发展趋势、我国互联网发展现状、网络文化建设等主题进行了集中学习，时任中共中央总书记的胡锦涛同志指出，加强网络文化建设和管理，充分发挥互联网在我国社会主义文化建设中的重要作用，有利于提高全民族的思想道德素质和科学文化素质，有利于扩大宣传思想工作的阵地，有利于扩大社会主义精神文明的辐射力和感染力，有利于增强我国的软实力[1]。中央政治局专门就世界网络技术发展和我国网络文化建设与管理进行集体学习，传达的大致思想为“以创新的精神加强网络文化建设和管理，满足人民群众日益增长的精神文化需要”[2]。同年 10 月，党的十七大报告中又明确提出，要“加强网络文化建设和管理，营造良好网络环境”，将网络文化建设和管理作为党的重大工作事项来进行，要求文化建设与管理双管齐下。

2004 年 10 月 14 日，中共中央、国务院发出《关于进一步加强和改进大学生思想政治教育的意见》（中发〔2004〕16 号，以下简称“16 号文”），16 号文明确指出，“要全面加强校园网的建设，使网络成为弘扬主旋律、开展思想政治教育的重要手段。要利用校园网为大学生学习、生活提供服务，对大学生进行教育和引导，不断拓展大学生思想政治教育的渠道和空间。要建设好融思想性、知识性、趣味性、服务性于一体的主题教育网站和网页，积极开展生动活泼的网络思想政治教育活动，形成网上网下思想政治教育的合力”；要“加强网络思想政治教育队伍建设，形成网络思想政治教育工作体系，牢牢把握网络思想政治教育主动权”。

为贯彻落实 16 号文的精神，推进高校网络建设与管理工作，2004 年教育部出台了《关于进一步加强高等学校校园网络管理工作意见》（教社政〔2004〕17 号，以下简称“17 号文”），针对高校校园网络建设提出了明确具体的要求。根据 17 号文意见，高校应当“综合运用法律、行政和技术手段，全面加强高校校园网络管理”，“切实加强领导，建立健全高校校园网络管理畅销工作机制”，“主动占领网络新阵地，牢牢把握网络思想政治教育主动权”。

2005 年 5 月，共青团中央出台《关于进一步加强和改进大学生思想政治教育的实施意见》中青发〔2005〕16 号，要求各级团组织要“牢牢把握网络思想政治教育主动权，主动占领网络思想政治教育的制高点”；“加强团属网络建设，整合网络资源”；“深入实施‘网络文明工程’”，以引导、推进构

[1] 胡锦涛在中共中央政治局第三十八次集体学习时强调：以创新的精神加强网络文化建设和管理，满足人民群众日益增长的精神文化需要［J］. 理论学习，2007（2）：1.

[2] 同[1].

建文明和谐健康的网络文化。由此可见，在技术不断进步、新形势变化发展等综合因素作用下，我国将校园网络平台建设工作提升到了前所未有的高度。

在国家政策指引下，全国高校开始重视校园网络建设与管理工作，力图建设有序、和谐、健康的校园网络文化。从 2005 年开始，北京大学、清华大学等一系列有影响力的校园 BBS 论坛陆续转向实名制，功能定位也向校内师生交流平台转变。各高校努力创新网络文化建设工作思维和工作方法，采取更为主动积极的姿态进行网络文化建设和管理工作，积极引领校园网络舆论与文化动向，主动打造示范性精品网络平台。2006 年，教育部主导、全国高校参与共建的“中国大学生在线”网站开始进行大学生百佳网站评选活动。

（二）Web 2.0 时代与校园网络平台发展方向

“Web 2.0”概念诞生于 2004 年，相比于之前的“Web 1.0”时代网络平台，Web 2.0 时代的网络平台和产品更加注重于用户与平台、用户之间的交互作用，改变以往单纯依靠网络平台和产品的建设者、维护者创作网络内容的局面，换言之，就是让用户在作为网站内容的消费者的同时也成为网站内容的生产者，传统的用户被动式的“阅读”“评论”的简单用户属性转向主动式的“共建内容”用户属性，博客、维基百科全书、社交即时通信工具等网络平台都是 Web 2.0 时代的代表。

随着社交网站应用的发展与普及，依托于社交平台的思想政治教育工作萌芽并不断深入发展，原有的网络平台暴露出许多问题，落后于高校网络思想政治教育实践。其一，高校 BBS 站点使用频率大幅度下滑早已“风光不再”，高校 BBS 活跃度日益降低反映师生群体已经对高校 BBS 站点逐步失去兴趣，BBS 思想政治教育板块的影响力明显下滑。纵使部分高校思想政治教育工作者使出浑身解数，力图通过在高校 BBS 站点中设立校园服务板块，加强对学生生活、学习等领域的关注度，但是也难以阻止在时代变化之下，学生群体的注意力被新兴网络平台所吸引，BBS 站点的活跃度早已不如从前。其二，“红色网站”和电子邮箱后继乏力。“红色网站”在历经一波“井喷式”增长后，就进入了“瓶颈期”，相关数据资料显示，

1998—2004 年高校“红色网站”数量爆发式增长，进入 2005 年之后高校“红色网站”数量增长速度明显放缓，并且，由于数量过多而缺乏精品网站、宣传工作明显不足，再加之“红色网站”吸引力不足的先天劣势，“红色网站”对于高校思想政治教育工作的影响力也日渐式微。后来出现的电子邮箱思想教育方式，虽然有着极强的针对性，但是这样的教育方式更适于个别问题明显或者急需教育帮助的学生，而无法做到覆盖学生群体的普适性教育。

在此期间，我国高校网络思想政治教育网络平台以 Web 2.0 网络产品作为依托而出现了新的发展方向——社交网络在大学生群体中迅速风靡，对高校的思想政治教育工作产生了重大影响。Web 2.0 时代互联网变革为高校思想政治教育工作者提供了创新思想政治教育渠道的可能性，2005 年之后，互联网即时通信产品蓬勃发展、SNS 应用广泛普及，博客、QQ、飞信、社交网站等的使用率在不断提高，于是越来越多的高校思想政治教育工作者开始尝试探索开辟新的教育阵地。例如，2002 年博客进入我国后就在校园学生群体中快速普及，学生使用博客频率迅速增长，博客在高校师生群体内的影响力逐步增大。高校辅导员和思想政治教育工作者也积极适应网络平台的更新迭代，开始尝试开通博客进行思想政治教育和宣传工作。再比如，许多高校教师、思想政治工作者、辅导员等在人人网、开心网等新兴网站上注册开通了工作账号，与学生群体进行频繁的互动交流，以此为渠道积极关注、了解学生思想动态。高校思想政治网络平台也逐步向 Web 2.0 网络平台进行转变，譬如在 2009 年 9 月，国内第一款教育行政部门研发上线的 SNS 应用——“易班”正式上线，“易班”从 Web 1.0 时代的网站模式改版为 Web 2.0 的 SNS 应用模式，恰恰反映了高校思想政治教育网络平台在互联网 Web 2.0 时代的迅速转变。

三、深化发展阶段平台建设实践典型

（一）博客的兴起与发展

“博客”一词是由英文单词“Blog”音译而来，“Blog”即“Web”与

“Log”两个单词组合为“Weblog”之后的简写，通常被翻译为“网络日志”。博客内容发布者被称为“博主”，由其自行在网络上发布内容，同时也可以浏览其他用户的内容，并及时有效地与其他博主或者内容阅读者进行沟通交流，博客成为网民得以展现自己的综合化网络平台，内容形式丰富多样，也给了网民更多机会选择内容、创造内容，因此，被称为互联网背景下网民个人的“读者文摘”。可以说，博客的出现引领的网络交流的新风尚，博客迅速在网民中普及开来，博客内容丰富多彩，不胜枚举，单就高校思想政治教育层面来说，教育类博客发挥了重要作用。

教育类博客的内容主要以思想政治教育、思想政治教育工作专业知识分享、校园师生分享等相关内容为主的博客，又可以细分为辅导员博客、学生博客、校园博客、班级博客等多种类别。辅导员博客主要是高校辅导员开通的博客，辅导员利用博主身份分享有关于学生管理、思想政治教育等内容，学生博客则是以学生为内容分享主体，在博客中记录学生校园生活中的情感、思想动态，对于某个问题发表自己的看法和见解，促进师生之间的信息交流与思想沟通。校园博客和班级博客则是推动校园管理、构建校园和班级氛围，促进老师和学生之间交流沟通的博客，更偏向于校园和班级管理功能。当然，教育类博客还有许多其他类型，这里就不多加赘述。

在前文所述几种教育类博客中，辅导员博客在高校思想政治教育网络平台建设中发挥了重要作用，充分反映了博客平台对于高校思想政治教育工作的影响。博客进入国内并开始普及之时，部分高校的辅导员和思想政治工作者就敏锐地发现了博客对于思想政治工作的影响，率先进行高校辅导员个人博客的尝试，比如在2004年年初，上海一些高校辅导员就面向学生开通了辅导员博客，开辅导员博客之先河。这些有益尝试也很快得到了学生群体的关注，成为了互联网新发展阶段下学生与高校辅导员老师沟通交流的新平台，取得了一些积极影响。由此，许多高校辅导员开始纷纷效仿这种做法，开通高校辅导员博客浪潮席卷国内高校。比如2007年西南交通大学校园网内正式启用“扬华博客”，以此作为辅导员与学生群体的沟通平台，2007—2009年，西南交通大学有109名辅导员开通博客，占辅导员总人数的91%，发表日志

3562篇，总访问量高达100余万人次❶，在校园内和全国都产生了巨大影响，2009年12月，教育部对西南交通大学辅导员博客进行了详细报道，同年，西南交通大学辅导员乔真真老师的博客获首届全国“十佳辅导员博客”奖。

辅导员博客的大范围的尝试引起了教育部门和高校的关注，2009年，时任教育部副部长李卫红在网络新媒体高校思想政治教育工作研讨会上指出，要积极推进辅导员博客建设，充分发挥先进技术传播先进文化的优势❷。为促进辅导员博客进一步发挥影响力，发挥优秀校园文化的引领作用，中国大学生在线网在2008年7月举办的第三届全国高校百佳网站评选活动中增加了“全国高校十佳辅导员博客”奖项，其后，在教育部的指导下，中国大学生在线又联合全国高校辅导员工作研究会、《中国教育报》高教新闻中心等单位，进行了“全国高校优秀辅导员博客网络评选活动”，激发了辅导员博客建设的热情，在高校范围内影响深远。

（二）SNS社交网站“人人网”的兴起与发展

SNS社交网站源于Social Network Service，译为“社交网络服务”，国外社交网站以脸书（Facebook）为典型代表，由于诸多客观原因，脸书未能成功打入中国市场，但脸书的巨大成功也推动了国内社交网站本土化产品的出现，开心网和人人网则是我国社交网站的代表，二者区别在于，开心网目标用户群是国内的白领上班族，而人人网则是瞄准了中国高校师生群体市场，一时间也成为中国大学生的重要交流平台。

SNS社交网站是以用户为核心的社区模式为依托，信息在用户之间分享传播，更为重要的是，大学生在使用SNS社交网站时，会产生带动效应，消息的分享和关注不再是仅仅局限于该用户个人行为，而是会带动同学好友进行传播，这也就意味着SNS社交网站在校园内已经具备了影响高校舆论的客观条件。

2005年12月，人人网正式上线。高校学生注册人人网账号时必须要以该

---

❶ 西南交通大学“扬华博客”开拓网络思想政治教育新途径［EB/OL］.（2009-12-2）［2020-1-12］. https：//www. chsi. com. cn/jyzx/200912/20091202/49790541. html.

❷ 焦新．网络新媒体条件下高校思想政治教育工作研讨会举行［N］. 中国教育报，2009-9-21.

大学电子邮箱或者使用特定大学的网络 IP 地址才能够进行注册，因此，人人网初期用户以在校大学生为主。人人网具有形式新颖、信息量大、图文并茂的特点，同时又具有零时差、零距离的优势。部分高校尝试在人人网上建立共青团组织，将以往传统的树状信息传播方式转变为网状信息传播结构，极大地提升了信息传播与分享的速度，对解决团员与团组织之间相对脱节的问题具有重要作用。此外，人人网具有非常明显的交互性，有利于促进高校网络思想教育体系的完善。在人人网中，学生群体通过主页与网络活动的参与过程，使得学生生活向线上和线下两个方向延伸，不同的社区也给了学生不同的归属感，高校也得以借助人人网平台，打造校园先进文化的传播阵地，以推进高校思想政治教育工作，引领广大学生青年❶。

第四节　逐步成熟阶段（2010 年至今）

2010 年至今，高校网络思想政治教育平台建设进入一个全新阶段，无论从高校思想政治教育网络平台建设的理论研究，抑或是具体实践，都已经逐步走向成熟；同时，随着互联网技术的深入发展和快速迭代，网络平台出现了“百花齐放、百家争鸣”的新局面，微信、微博、QQ、各类移动客户端、各种网络和搜索引擎，思想政治教育网络平台也得到了更为广泛而多元的应用。

一、逐步成熟阶段网络平台建设主要特征

进入逐步成熟阶段后，随着互联网技术发展、移动新媒体终端的普及、大数据技术运用的探索，高校网络平台建设理论研究和实践都出现了颠覆性变化，呈现出全新特征。

其一，高校网络思想政治教育环境日益复杂，学生群体信息来源趋向于立体化、多元化，单一网络平台建设策略已经难以适应时代发展和实践需要。新媒体环境下，各类网站、客户端等平台层出不穷，网络上充斥着海量信息难以进行有效甄别、筛选和监管，大学生沉迷于网络而引发人格障碍、心理

❶ 李森．基于“人人网”的高校共青团网络舆情引导探究［J］．农业网络信息，2012（1）．

问题的案例时有发生。并且，由于在新媒体时代每个人都可以成为信息发布和传播的主体，网络信息提供主体数量巨大、过于庞杂，大学生获取信息的渠道也日益增多，大学生仅仅依靠一部手机，就可以快捷地获取和传播大量信息，学生群体信息来源趋向于立体化、多元化。因此，高校思想政治教育环境也越发复杂，原有的仅仅依赖单一网络平台或者数个相类似的网络平台进行高校网络思想政治教育工作的策略已然落后于时代，建设全方位、多角度、立体化网络平台是成熟阶段的发展方向。

其二，在新媒体广泛应用的逐步成熟阶段，高校思想政治教育主体特征出现了新变化。移动终端等新媒体广泛运用，使得教育者的身份和特权逐步弱化，教育者和受教育者呈现平等参与、多元互动的局面，教育者在进行思想政治教育过程中，必须改变原有的思想观念，改变灌输者身份的模式，而转为思想传播者和信息把关人的角色，以降低受教育者的排斥情绪和戒备心理。进言之，高校思想政治教育工作者要在浩瀚无涯的信息海洋中收集、传播、编辑、过滤、筛选、把控信息，引导学生群体接受正能量熏陶是主要工作方向，单纯的说服和要求不再能够发挥作用。可以说，在逐步成熟阶段，新媒体的发展颠覆了高校传统思想政治教育中的权威观念，学生群体的个体文化意识和思想观念被空前放大，教育者和受教育者的主体特征已然不同往日。

其三，大数据技术运用为高校思想政治教育开拓了新路径。近几年来被推向互联网浪潮顶峰的大数据技术以其全面、精准、细致的数据分析而被广为推崇，通过大数据技术对高校学生群体的思想动态、网络行为等原始数据进行收集、分析、应用，使得思想政治教育更加具有针对性，能够对学生的思想动态问题进行精准判断，提出“手术刀式”的问题解决方案，将会为高校思想政治教育工作提供新思路。

其四，高校思想政治教育网络平台建设也面临着新形势下的巨大挑战。新形势下网络信息数量庞杂、良莠不齐，高校学生的思想观念无时无刻不在遭受着网络信息的冲击，学生的行为方式、心理认知、情感因素和思想观念在潜移默化中被网络所改变[1]，思想政治教育工作及高校网络平台建设将要面

[1] 仲素梅，胡玉霞．论新媒体时代的高校思想政治教育［J］．教育探索，2015（9）．

临众多前所未见的新问题，传统的教育模式、教育方法受到巨大冲击，高校如何跟上网络技术和新媒体技术的快速更新迭代，是新形势下不得不思考的关键问题。

二、逐步成熟阶段网络平台建设导向

（一）网络平台建设的国家政策导向

2010年以来，我国互联网发展的速度较之以往更为迅猛，国家对于高校网络建设也愈发重视，出台了一系列文件，推动高校网络平台建设，打造高校网络思想政治教育工作队伍，引领校园网络文化和舆论导向。

2012年3月21日，教育部发布《高等教育专题规划》提出要加强高校数字校园建设，“加强数字化科技协作支撑环境建设，提高实验室、工程中心等高等学校科研机构的信息化建设水平”；实施“高校网络思想政治教育计划”，创新高等学校网络思想政治教育阵地建设，加快推进学生网上互动社区建设和管理，着力加强中国大学生在线网站建设，重点培育若干满足学生全面发展、德育为先、健康成长需要的主题示范网站，支持共青团、学生会组织利用网络新媒体建立坚持正面引导、服务广大学生的网络化组织和工作体系，发挥学生自我教育功能，精心打造一批在大学生思想政治教育方面作用突出的辅导员博客，培养造就一批能持续跟踪和熟练运用微博等新媒体、在网络上有一定影响力和号召力的网络思想政治教育骨干，不断提高利用网络开展大学生思想政治教育、维护校园和谐稳定的能力和水平。

2013年11月，教育部决定实施“高校校园网络文化建设专项试点工作”，教育部思想政治工作司确定清华大学、中国传媒大学、天津大学、上海交通大学、南京大学、中山大学、电子科技大学共计七所部属高校作为试点单位，开展高校校园网络文化建设专项试点工作。教育部要求试点高校围绕网络思想引领工作、网络机制创新工作、高校网络内容建设等方面开展建设工作，积极推进社会主义核心价值体系融入校园网络文化，主动占领意识形态领域的网络阵地，把握校园网络舆论的正确导向，弘扬主旋律，传递正能量。

2015 年 1 月 19 日，中共中央办公厅、国务院办公厅发布《关于进一步加强和改进新形势下高校宣传思想工作的意见》，该意见强调要着力加强高校宣传思想阵地管理。强调要加强校园网络安全管理，加强高校校园网站联盟建设，加强高校网络信息管理系统建设；打造示范性思想理论教育资源网站、学生主题教育网站和网络互动社区，推进辅导员博客、思想政治理论课教师博客、校务微博、校园微信公众账号等网络新媒体建设。

2017 年 10 月，教育部出台了《普通高等学校辅导员队伍建设规定》，要求高校“坚持把立德树人作为中心环节，把辅导员队伍建设作为教师队伍和管理队伍建设的重要内容”，要求辅导员应当“运用新媒体新技术，推动思想政治工作传统优势与信息技术高度融合。构建网络思想政治教育重要阵地，积极传播先进文化。加强学生网络素养教育，积极培养校园好网民，引导学生创作网络文化作品，弘扬主旋律，传播正能量。创新工作路径，加强与学生的网上互动交流，运用网络新媒体对学生开展思想引领、学习指导、生活辅导、心理咨询等”。

（二）新媒体移动终端崛起与媒体融合发展

新媒体的定义一直以来都是众说纷纭，根据联合国教科文组织的定义，新媒体是利用数字技术、以网络作为传播载体的媒介。主流观点认为，新媒体可以细分为传统网络媒体、移动终端新媒体和数字电视新媒体。传统网络新媒体早已有之，我国高校思想政治教育网络平台建设发展历程，在某种程度上来说，就是紧紧跟随传统网络新媒体的步伐发展至今的。在新媒体的三种类型中，移动终端新媒体在近 10 年时间内快速崛起，深刻影响着当前高校思想政治教育工作及其网络平台建设。

新媒体移动终端的崛起以智能手机和移动通信技术的快速发展为基础，因此，又被称为“移动新媒体”或者“手机新媒体”，使用移动通信工具进行信息传播和沟通交流，被称为继报纸、广播、电视、网络等四类传统媒体之后的“第五媒体”。新媒体移动终端以“三微一端”为典型代表，具有明显的去中心化、碎片化、便携性、共享性等特征。“三微一端”是新媒体与移动通信技术深度融合的产物，呈现出多元多样的发展态势，对于高校思想政治教育工作具有独特的作用。

此外，随着网络信息技术和移动通信技术的发展，不同媒体呈现出融合互动的趋势。自从2014年中央深化改革领导小组审议通过了《关于推动传统媒体和新兴媒体融合发展的指导意见》后，媒体融合的概念更是成为研究热点。媒体融合的目的就是在于整合不同媒体资源和内容，将不同媒介的形态和内容进行综合优化、优势互补，打造全方位、立体化的媒体体系。

移动新媒体和媒体融合发展对高校思想政治教育具有重要的促进作用。高校进行微博、微信公众号、微视频等移动新媒体平台建设，增强思想教育内容的吸引力，碎片化的内容传播避免学生群体对长篇累牍式说教的反感，能够更好地起到“潜移默化”“润物无声”的教育作用。媒体融合发展则拓宽了高校优秀校园文化、核心价值观等正能量内容的覆盖面，在多平台、多层次的媒体终端发布和传播内容，增加优质内容出现频次，对引导校园文化建设，把握高校思想政治教育主动权具有积极意义。

但是，我们也必须认识到，新媒体移动终端极大地削弱了高校传统媒体的权威，信息发布与传播过程去中心化严重，虚假内容、谣言等不良信息的传播也造成恶劣影响。而对于大学生而言，移动新媒体作为信息传播媒介，深刻地影响着大学生的行为方式、思维方式和生活方式，对他们的人生观、价值观和世界观也会产生巨大影响。

三、逐步成熟阶段网络平台建设实践典型

（一）“易班”的建设与发展

易班即“E-class”，是由政府主导建设，面向大学生群体的思想政治教育平台，集教学育人、生活文娱为一体的网络互动社区。于2007年起步，在2009年升级改造为SNS社交网络应用，并正式定名为易班。2009—2012年，易班仅在上海市内高校进行应用，基本覆盖了上海市57所高校。2012年后，易班开始进行全国试点推广，2013年教育部思想政治工作司主导召开易班经验总结研讨会，总结了易班网络互动社区建设、疏导学生思想的工作经验，研究如何进行全国范围内的推广工作。

2014年后，易班才真正走向全国高校学生，就此进入全国共建阶段。2014年11月，8所高校和省级教育厅与教育部易班发展中心签订易班共建协议，力争用3年时间，将易班建设成为面向全国大学生群体的一体化大学生互动社区，起到良好的示范带头作用。格局教育部易班发展中心数据显示，截至2017年，易班已经覆盖全国21个省（自治区/直辖市），470所高等院校参与易班共建，大学生用户超过500万人，日活跃点击量超过1000万次，汇聚了各类教育资源超过2200万个，有超过3300名老师在易班建立了8200余个教学课群；现在，易班已经基本实现了在全国高校设立易班工作站的目标，各个高校均有专门老师负责易班工作站的日常工作，易班成为具有全国影响力的大学生网络互动社区。

易班网站设有校园今日头条和热门话题等新闻板块，易班学院、易班大学、优课YOOC等学习板块，求职攻略、易智招聘等求职就业板块，此外，还可以通过易班举办校园线上活动，同时，易班也注重各个高校之间信息共享与传播，专门设置了校园热门帖子、话题、博文的滚动榜单，来自各个学校的校园热点都可以滚动上榜，有助于加强高校之间的信息交流❶。

易班已经建设成为集思想政治教育功能、教学育人功能、生活服务功能、校园文娱功能为一体的综合性大学生网络互动社区，易班一改以往“红色网站”等全页面思想教育内容的网站风格，而是努力将思想政治教育融入校园生活服务、校园网络文化建设、课余文体娱乐服务、线上教学服务等贯穿大学生校园生活的各个方面、各个环节之中，开拓出一条全新的思想政治教育路线。以易班优课板块为例，易班优课构建了全系列的线上教学管理系统，汇集了大量的线上教学资源，并且提供线上考试、线上作业、测评考核等教学管理与服务功能，大学生可以通过易班优课自主选择自己感兴趣的内容学习，就有更好的个性化用户体验。另外，易班还尝试进行线上与线下互动教学模式，比如与复旦大学合作开设“汉语、汉字与脑科学”课程，组织五位不同学科的教授合作教学，线上线下混合教学，广受学生好评。

---

❶ 黄桂林．易班应用于大学生思想政治教育的实效与现状研究［J］．思想·政治，2019（49）．

综合来说，易班是高度总结以往思想政治教育网络平台建设经验，并顺应思想政治教育发展规律的产物。首先，易班致力于构建综合性、一体化、全方位的全国性思想政治教育网络平台，大力整合思想政治教育各个方面的资源，构建统一而多元的全国思想政治教育大课堂，多样化功能、高度互动、全面覆盖校园生活等特征使得易班迅速凝聚了大量人气。其次，易班建设理念符合互联网信息传播规律和学生思想政治教育规律，坚持用户为导向，以内容作为网站引流的核心，围绕学生的校园生活需求提供信息和服务，才能够增强学生用户黏度❶。易班打造一系列线上线下的校园活动，比如通过“校园好声音”等活动，打造符合大学生审美情趣、反映校园特色的典型音乐作品，以此引领校园文化前进方向，达到潜移默化的思想教育目的，实现学生自我教育。

（二）“三微一端”崛起之路与发展方向

当代大学生多以“90后”和“00后”学生群体为主，新生代大学生成长于互联网时代，强调自身个性化，标榜个体特色，乐于接受新生事物，善于利用互联网和各类新媒体，他们的思维方式和行为方式已经具有显著的互联网时代印记。“三微一端”作为移动新媒体的代表产品，以其便携及时、虚拟社交、互动分享等特征广受学生群体欢迎。根据《中国社会心态研究报告（2015）》调查数据，当代大学生每天花费在使用智能手机上的时间超过5小时，获取即时信息的渠道主要是通过微信公众号、微博和各类移动客户端。因此，“三微一端”为大学生提供了在线娱乐、即时交流、虚拟社交、购物消费等渠道，智能手机几乎成为大学生校园生活的必需品。

2010年以来，微信、微博和移动客户端发展迅速，在大学生群体中也迅速普及，吸引了大量的学生用户。以微博为例，根据全国青年学生大数据实验室、新浪微博数据中心联合发布的《2018中国校园微博发展年度报告》，大学生注册微博账号数量高达3200万个，大学生月活跃用户超过2500万，大学生每天平均在线时间超过2小时，大学生成为微博使用率最高的群体，

❶ 冯刚．新形势下推动高校网络文化建设的思考和实践［J］．思想教育研究，2015（8）．

使用率达到87%。此外，微信、QQ作为及时通信工具，大学生使用率均超过95%，其他移动客户端诸如百度贴吧、QQ空间、知乎等，大学生使用率均达到四成。2015年，微视频横空出世，以其丰富的信息承载能力、良好的画面感吸引了大量年轻用户，迅速在移动新媒体阵地中占有一席之地，一年多时间内，中国移动短视频用户规模就突破了1.5亿[1]，截至2018年，微视频媒体客户端典型代表如快手和抖音，大学生使用率分别为58%和30%，并且仍在持续高速增长。

国内高校面对“三微一端”等新媒体平台的冲击，积极应对，主动搭建高校“三微一端”思想政治教育平台。《2018中国校园微博发展年度报告》显示，国内高等院校注册官方微博账号数量达到5万个，高校官方微博账号2018年全年发布微博高达192万条，累积阅读量195亿次。此外，高校共青团、学生会、学生社团等高校组织账号超过2.4万个，其中高校团委部门账号3600个，全年累计发布近94万条微博，阅读量高达117亿次。

“三微一端”是大学生社会信息获取、休闲娱乐、消费购物、社交维护的重要媒介，在高校思想政治教育工作中，“三微一端”能够增强思想政治教育亲民性，贴近学生认知需求，并且形式灵活，传播迅速，能够快速形成舆论发酵模式，优质文化和话题可以在短时间内得到大量关注，提升学生群体在新媒体平台中对主流优质文化内容的转发率和点击率。因此，“三微一端”为高校思想政治教育网络平台建设带来了新机遇。

当然，“三微一端”也进一步削弱了高校传统媒体的权威和网络思想政治教育的话语权，“网络大V”“网络意见领袖”大量出现，学生群体被各类参差不齐的言论和观念所包围，传统高校平台的影响力也急剧下降。“三微一端”的普及给高校思想政治教育网络平台建设带来巨大挑战，如何建设具有优质内容、强大吸引力和影响力的移动校园平台，成为各个高校和思想政治教育工作者必须面对的问题。

总而言之，“三微一端”在学生群体中有着巨大影响力，把握机遇对促进

---

[1] 梅宁华，支庭荣．媒体融合蓝皮书：中国媒体融合发展报告（2017—2018）［M］．北京：社会科学文献出版社，2018.

高校思想政治教育网络平台建设大有裨益。一是要整合高校现有“三微一端”的思想教育网络平台资源，可以在高校中构建移动新媒体平台联盟，加强高校交流与信息共享。二是增加校园文化需求调研，倾听学生诉求，增强平台内容亲民性。三是促进“三微一端”新媒体与传统媒体融合发展，线上线下交互发展，加强高校思想政治教育网络平台一体化建设。

第三章

新时代高校思想政治教育网络平台建设的经典案例

第一节　思想政治教育虚拟社区的主动建立

一、什么是思想政治教育虚拟社区

网络虚拟社区，指的是由网络使用者基于一定的目的聚集起来形成一定的社会组织关系，并相对固定地借助于一定的网络技术手段进行诸如信息发布、信息交流等活动的空间。而思想政治虚拟社区是以高校思想政治教育为主，兼顾学生学习、生活、娱乐需求的网络虚拟空间。

网络环境中的人际关系是现实关系映射在网络中的形式表现，其本质仍属于现实关系范畴。因此，根据主体、客体、介质等思想政治教育要素的相互关系及其特点，可以将高校网络教育环境中的人际关系分为三类。第一类是较为密切的"近距离"关系，此种关系形成的由来是现实中的熟人关系通过互联网形成了网络"近距离"互动场域，而这种熟人关系又往往产生于相似的专业、共同的兴趣爱好、相仿的人生经历。第二类是网络"远距离"关系，集虚拟与现实统一的网络实现了远距离即时通信（包括对话、视频等），使具备不同背景、接受不同层次教育、出生于不同地域、素未谋面的陌生人得以在网络空间中互动，相互之间形成网络"远距离"关系。第三类是网络"微距离"关系，由现实中的上下级关系组成，如高校教师与学生的关系❶。总

❶ 唐澄澄．基于易班平台的高校网络思想政治教育新载体探究［J］．长春教育学院学报，2019（10）：14.

之，网络环境虽然使现实中的人们，沟通交往的方式发生巨大转变，但并未实际改变网络人际关系是现实关系的本质。因此，网络思想政治教育工作相较于传统思想政治教育工作必然存在细节上的差异，但是其本质却并未改变，仍是以育人为核心。因此，即使当前面临着严重的网络信息碎片化、学生关注度下降、学生思想多元化等问题，但教育的本质依旧是分析、引导学生行为。简言之，思想政治教育虚拟社区没有改变高校思想政治教育关系的本质，而是在形式上做出了巨大的创新。

二、思想政治教育虚拟社区存在的意义——以“易班”为代表

载体创新是开展网络思想政治教育的重要探索方向和未来发展趋势。高校开展网络思想政治教育，必须把握其发展趋势，不断在具体的工作实践中探索新方法、新模式和新平台，以学生乐于接受的方式进行思想政治教育；充分开发好、利用好丰富的网络资源，使网络教育更具有特色和强大吸引力，将教育、服务、管理等功能融为一体，传播先进思想、发挥正能量，始终坚持将“占领和开拓网络文化建设阵地”作为网络教育的主要任务。

“易班”App是一个综合的实名制在线平台，集新闻、论坛、博客、微博、社交和其他功能于一体，以中国高校师生为其主要目标用户，在大部分高校都设有联络站，致力于建设成涵盖高校思想政治教育、行政服务、教学育人、生活娱乐、课余文化等多方面内容的、具有示范性的全国大学生网络互动社区。该软件引入了独特的“ EGPA”成绩算法，即“易班分”，每个月根据成绩对学生所在班级进行排名，并与班级的评优评奖、辅导员考核、班级考核等挂钩。学生要想提升班级EGPA分数，就需要在易班应用软件上进行网络社交，可以通过分享资料、发帖评论、发起或者参与投票、浏览、点赞等虚拟社交活动进行加分。

期望通过思想政治教育课程、谈心交流、文娱活动、班会团活等方式开展思想政治教育，引导学生树立正确积极的理想信念，是传统高校思想政治教育的表现形式。伴随着网络技术的飞速发展，高校逐步通过网络智慧课堂、“三微一端”等新媒体平台进行网络思想政治交易，初步实现了思想政治教育线上化。网络在线思想政治教育可以极大地压缩时间成本，思想政治教育工

作者得以在有限时间内快速收集、分析、整理、传播思想政治教育内容；同时，得益于在线平台强大的交互属性，能够第一时间掌握学生动态，提高思想政治教育工作的时效性。然而，这种浅层次的线上化并不是思想政治教育虚拟社区化，但是“易班”为建设思想政治教育虚拟社区提供了思路和有益的经验积累。

一般而言，虚拟社区具备四个基本特点：一是以计算机等网络新兴技术通信载体作为媒介；二是社区内部的互动具有群体属性；三是社区内成员身份基本固定；四是成员之间相互具有存在感知[1]。以“易班”为典型的高校思想政治教育虚拟社区是以手机应用作为媒介，聚集了高校师生群体。“易班”作为一种虚拟社区既具有上述共性，同时亦具备以下独特属性[2]。

其一，拓宽思想政治教育网络空间。易班平台除与微博、论坛等新媒体平台一样具有话题发布、新闻热点等功能之外，还具有网络云盘、在线课程、应用程序拓展等特色功能，能够进一步拓宽高校师生社区空间。同时，易班平台还能够对思想政治教育的数据信息进行整合分析，解决思想政治教育工作者难以进行有效数据分析的痛点。比如，基于易班平台开展校园线上活动，分析整合师生参与活动的海量数据信息，为思想政治教育课程提供一手数据和分析结果，强化教育内容的科学性和时效性。

其二，挖掘网络思想政治教育载体深度。在互联网时代，师生可以通过互联网获得均等学习机会，教师可以利用互联网快速完成教学准备工作，学生也可以在线获得信息和学习知识，这能够极大地降低传统思想政治教育方式信息不对称造成的负面影响。此外，由于师生在交流上趋于平等，双方距离得以进一步拉近，师生之间的交流也更趋于良性互动，有助于增强高校思想政治教育深度。

其三，塑造积极情感氛围社区，构建校园新空间。在互联网时代，信息传播效率更高，出现了“垂直搜索”特征的信息获取方式，大学生在网络时代中逐步成为网络信息的主要消费者，商业网络产品则针对大学生进行定向

---

❶　张珂．大学生网络组织理论综述［J］．广西青年干部学院学报，2011（8）：40.

❷　唐澄澄．基于易班平台的高校网络思想政治教育新载体探究［J］．长春教育学院学报，2019（10）：16.

内容投放，信息内容鱼龙混杂，具备极强的商业性诉求。而易班平台则与此不同，高校师生全体在易班社区内既是内容消费者，也是内容生产者，信息内容主要是为了校园生活服务，主要表现师生校园文化诉求，因此，思想政治教育工作者可以依托易班相对纯净的虚拟社区平台，营造良好的正面情感氛围，打造校园生活的新空间。

三、思想政治教育虚拟社区现存的问题

现今各大高校普遍利用新兴互联网技术建立网络虚拟社区，以期实现网络环境下的思想政治教育全面覆盖、大学生思想政治素养的全面引导。然而，这些思想政治教育虚拟社区的建设，特别是相关的手机应用，普遍受到学生的诟病，如何让思想政治教育虚拟社区走出窠臼值得思想政治教育工作者深思。

其中反映较大的问题有：可操作性较差，强制性推广，手机应用商业化，隐私保护不力等。一些手机应用粗制滥造，不稳定的网络严重降低学生使用感受；一些高校要求学生下载的手机应用数量过多，降低了便利性的同时分散了学生的精力，而且采取行政手段动辄强制使用或与学分挂钩损伤了学生的积极性；某些手机应用大量广告无孔不入，甚至出现对学生身心有害的贷款广告，这显然无助于提升校园管理的质量效率，还有一些手机应用权限和隐私内容索要过多，保护不力，导致个人信息泄露，给学生徒增许多不必要的麻烦。

与“跑步应用”“吃饭应用”等生活类社区不同，思想政治教育虚拟社区很多时候体现出脱离学生生活实际、内容与形式刻板空洞陈旧、网络技术亟待加强等问题。以易班、智慧校园为代表的思想政治教育虚拟社区建设不仅需要技术上的专业管理，还亟须内容上的专业管理。

据调查，在有关网络虚拟社区是否满足学生生活的调查中，只有11.15%的学生表示基本可以满足信息的需要。当前大部分平台功能上主要集中在官方信息的推送，而针对微信小程序和附加功能开发与使用尚属起步探索阶段，围绕高校大学生所需与所关注的专业学习引导、后勤服务信息化、学生活动预约、教学课程选择、线上反馈问题等功能模块的开发有所

提升，平台的综合功能与服务性才是提升平台吸引力的有力武器。关于“学生最喜欢的平台内容”调查显示，美食、摄影、旅游类（63.10%），专业相关类（46.06%）排名最前，而这些内容在平台上占比偏低，平台管理方喜爱推送的时政新闻（39.26%）和学校新闻（28.74%）对于学生吸引力则相对较弱。另外，在推送的呈现与表现方式上过于单一、乏味，缺少新意，新媒体新技术运用程度偏低；话语体系上居高临下的权威主义、教条主义、主观主义色彩浓重，语言缺乏平等、色彩、共鸣，难以让当下青年的理解与接纳；内容的选择上视野不够开阔、固化思维严重，不想了解或根本不了解青年学生的现实关注热点与需求。

四、如何让思想政治教育虚拟社区发挥价值

（一）规范思想政治教育虚拟社区

教育部在 2019 年年初发布《2019 年教育信息化和网络安全工作要点》，明确将研究制定规范校园 App 管理相关意见，以期规范校园 App 引入和自主开发行为，逐步建立校园 App 管理制度化机制，以推动校园网络建设健康发展。并且，教育部提出要与网信部门联合开展行动，大力整治校园 App 乱象。如何避免虚拟社区重蹈各类校园 App 的覆辙，针对虚拟社区存在的强制使用、过度泛滥的乱象，辅导员应当坚定地执行《2019 年教育信息化和网络安全工作要点》的相关规定，合理作为，可以建议学校成立部门专门处理大学生的投诉，减少虚拟社区不必要的板块；从教育监管管理层面，应该结合高校学生管理而从实际需求出发，对虚拟社区软件进行筛选取舍，不可搞“一刀切”，另外应该引进较为优质的虚拟软件开发商，保留学生的自主选择权，让市场决定优质的平台。

（二）参与思想政治教育虚拟社区

虚拟社区的推广不应是“下载了之”，还应适当培育用户“黏度”，否则虚拟社区将变成食之无味的“鸡肋软件”。传统高校辅导员思想政治教育工作模式是传输相关会议内容、班团会要义，其内容主要涵盖思想政治、道德规

范以及价值观念等。这本身对组织形式要求不高，不妨将这些刚需流程搬到虚拟社区中。利用虚拟社区开展会议，作为最基础的应用形态，可以显著提升其使用必要性。但是要想进一步提升虚拟社区的用户黏度，还需要辅导员做到以下几点。

首先，辅导员在网上是一个聆听者。在虚拟社区时代，信息高速传播，多人共享网络信息，高校师生信息获取速度达到同步。辅导员进行教育工作的第一步无疑应当是广泛挖掘信息、收集意见以了解学生的思想（包括观点、想法和态度），而如何有效实现信息、意见的广泛性、真实性则是辅导员落实的一大难题。对此，网络对解决该难题发挥了巨大作用。同现实面对面交流的距离感相比，学生在网络中与辅导员交流，更容易说出内心真实感受，传递真实的思想动态；学生在虚拟社区中的言论，也更能够表达学生内心的真实诉求。因此，网络辅导员必须对虚拟社区加以关注并高度重视，才能够更好地掌握学生思想动态，了解学生真实想法，在开展思想政治教育工作时候，才能做到有的放矢，更加具有针对性。

其次，辅导员在网络中是一个参与者，他同其他网友一样，能够对相关问题发表个人看法，参与社区或者论坛内的话题讨论。辅导员或者思想政治教育工作者可以以此为契机，利用个人专业知识、科研水平、社会经验等优势，对信息加以甄别，并发表积极健康的正面言论，引导校园舆论良性发展。

再次，辅导员在网络中是一个筛查者，需要对校园网络中的信息进行甄别、判断、过滤，这要求辅导员主动进入校园网络平台中，积极对校园网络信息进行筛选过滤。比如，对于部分不适当言论，辅导员可以通过社区私信等方式与发言者进行沟通，倾听意见，引导言论，营造良性言论氛围。

最后，辅导员在网络是一个答疑者。网络辅导员具备校园工作、思想政治教育和网络文化建设等方面的丰富经验，能够对学生行为和言论作出较为准确的预判；同时与学生沟通交流较多，可以较为全面地了解学生思想动态和情感诉求。因此，网络辅导员可以整合校园思想政治教育资源，通过线上线下相结合的方式，拓宽高校思想政治教育途径，更好地解决学生思想和情绪方面的问题；辅导员也必须把握工作机会，积极回应同学的问题与质疑。

（三）监督思想政治教育虚拟社区

虚拟社区也不是法外之地。当我们肯定网络为高校思想政治教育发展带来新契机的同时，绝不能忽视随之而来的不利风险。事实上，由于互联网的加持，大学校园已突破原先的封闭性而发展为一种开放性的信息环境。在此环境中，一些现实中的不稳定因素将得以加剧，如发生在大学生之间的群体矛盾、利益冲突，甚至是突发性的社会重大事件，以致引起大学生群体性的思想波动和情绪变化，难以控制。因此，辅导员应该及时进行学生思想动态方面的调研工作，把握学生思想和情绪的动态方向，更好地掌握校园舆论阵地。并且，高校也应当积极建立行之有效的校园网络舆论应对制度，建立健全校园舆论信息收集、整理、分析、识别、预判、决策、处理等环节的制度，这样才能够做到有效预防、精准识别、高效应对校园舆情事件❶。

高校辅导员应该更加关注相关虚拟社区客户端传播信息对于大学生思想政治教育效果的影响，对于大学生日常心理波动与心理健康教育更加关注大学生网络发布的相关言论，及时做好线上线下舆情关注，对于群体思想政治教育更加应该关注大学生对于此类群体思想政治教育发表的意见与看法，及时了解和解决学生的诉求，及时制止相关不实言论传播与杜撰。因此，互联网对于传统高校辅导员思想政治教育工作内容的挑战不可小觑。

（四）构建思想政治教育虚拟社区

打造更加开放的网络学习平台体系，构建完整的思想政治教育虚拟社区。虚拟社区的含义并不局限于某一个具体的互联网软件，而是一个综合教育的体系，采取喜闻乐见和循序渐进的方式，逐渐将流量引导入虚拟社区中。从一众互联网传播平台的发展史来看，优质原创内容的生产是互联网传播平台的发动机，如受到学生群体喜爱的微博、哔哩哔哩等都有大量原创博主，不断生产的文化产品使得用户黏性得到最大程度的提高。因此，高校工作者可

---

❶ 张再兴，张瑜．加强高校网络辅导员队伍建设，占领网络思想政治教育新阵地［J］．高校理论战线，2006（5）．

以在网络中传播更多与学生学习教育、就业创业、职业发展、行业热点等有关内容，为学生提供校园有益内容的信息来源和讨论平台，积极引导学生进行健康有益的沟通讨论，实现思想政治教育与学生生活、学习、就业创业融合。而在平台创建之初，优质原创内容总是稀缺资源，因此，可以通过授权转载的方式先丰富社区内容和业态，聚集人气后反过来促进学生创作，直至形成创作氛围。

第二节　高校传播平台的日益凸显

一、高校传播平台的特点

高校官微包括所有由高校官方注册的社交媒体账号，在国内主要是以微博和微信为主。官微一般有以下特点：第一，简洁性，用户可以用简短的文字概括事件与情感，直观明了；第二，便捷性，可以用多种设备随时随地登录发布信息；第三，传播方式多样化，官微的传播方式既可以广泛发布消息，也可以私信，既可以是一对多，也可以是一对一，甚至可以多对多；第四，信息简练，微博和微信的属性决定了微博所传播的信息具有简短化的特性，这使得读者碎片化的阅读和理解官微所携带的信息。

二、高校传播平台的意义——以高校官微为例

（一）高校官微拓展了教育空间

微博、微信的使用极大地方便了学生相互间的交流，尤其是其自身的多样性和传播的迅速性，使得其所携带的信息传播出现跨越课堂、跨越地区的特征。微博、微信自身以手机移动终端为载体，使得高校学生随时随地地可以进行信息交流和信息分享，并且在这个传播过程中高校大学生也可以以个人身份亲身参与其中。高校思想政治教育可以构建基于微通信技术的思想政治教育内容，不断和学生进行互动，不断丰富高校思想政治的内容，从而在高校内形成广阔的思想政治教育信息交流平台。据腾讯网报道，2019 年 6 月，

浙江大学官方微信公众号以总阅读量 172 万、头条阅读量 169 万、平均阅读量 5 万，雄踞一流高校官方微信公众号排行榜榜首。而排在浙江大学之后的北京大学、武汉大学、清华大学以及上海交通大学的总阅读量也都有 100 万以上。这使得学生无论在哪个地方，都可以接收到来自学校的消息，消除了高校的空间限制。

（二）微通信技术极大地提高了高校思想政治教育的时效性

微通信技术具有跨越空间传播的特性，运用微通信技术进行高校思想政治教育，其思想政治内容可以凭借微博、微信的媒体互动性和资源共享性，从一个用户终端传递至多个用户终端，在传递的过程中就会形成媒体流，可以极大地提升高校思想政治教育的渗透力，提升高校大学生对于高校思想政治教育的接受程度。在高校运用微通信技术进行高校思想政治教育，学生可以实时地获取自己所感兴趣的信息和知识，媒体的这种时效性既方便了学生对于实时思想政治教育最新内容的学习，又不断为高校思想政治教育添加新的活力，不仅拓展了高校思想政治的教育空间，还提升了最新的高校思想政治内容的传播，使得高校思想政治教育和时代紧密结合，极大地提升了高校思想政治教育的时效性。腾讯网对 41 所高校的调查结果显示，有 15 所高校实现了每日更新，发布篇数最多的是中山大学和中国农业大学，此外清华大学、南开大学以及北京师范大学发布篇数也相对较多。特别是在重大政治活动和社会热点事件发生时，高校官微可以以较快的速度进行反馈，实现思想政治教育的时效性，比如，浙江大学、武汉大学以及北京大学官微都抓住了节日的热点做各种对外宣传。2019 年的端午节正好与高考同日，而这三所高校的公众号都抓住了端午节与高考重合的历史巧合，在为考生加油的同时也为学校做了宣传。浙江大学用一个小粽子的漫画故事回顾了高中生活，北京大学则采用“伪直播”的形式介绍了自家的龙舟队，最后不忘鼓励同学们加入。武汉大学官微则设计了“找粽子”的游戏，介绍了武汉大学的地标建筑。

（三）微通信技术可以增强高校思想政治教育的互动性

由于微通信技术支持广大用户进行匿名交流，这可以使得大学生在进行高校思想政治教育的过程中开诚布公、畅所欲言地进行交流，形成一个环境轻松的学习氛围。高校思想政治教育者可以借此平台及时了解高校大学生所关心的热点和话题，深入全面而有针对性地给高校大学生进行讲解，提升高校思想政治教育的活力。在微通信技术当中，高校思想政治教育者也可以和学生进行角色互换，在角色互换中让高校大学生真正体验各种道德情景，并组织学生学习交流和讨论，事后再反馈到现实高校思想政治教育当中来，立体化的教学模式更能被学生认可和接受。腾讯网对传播指数最高的三所高校浙江大学、武汉大学以及北京大学的微信公众号文章的标题和摘要进行了词频分析。浙江大学官微出现频率最高的几个词是“青春”“毕业典礼”“欢迎”“总理”“招生”“大赛”，武汉大学官微则是“最美”“珞珈”“招生”“毕业典礼”“合作”“研究成果”，北京大学则是“学而不已”“发布”“燕园”“世界”“聚焦”“资讯”，三校官微涉及的具体内容比较有共性，大致可以归为校园新闻、校内讲座、学生教师榜样、毕业典礼、招生信息发布和宣传这几类。比如，四川农业大学一名学生通过微博向该校的党委副书记提意见，希望学校能够帮助解决一些问题。而不久之后，竟然就收到了来自学校领导的文言文回应，师生通过官微的互动成为美谈。

三、高校传播平台的问题

（一）碎片化阅读对思想政治教育工作的影响

微通信技术的信息传播具有分散化、碎片化、不确定性和离散性等特点，多维度的信息传播与分享增加了信息的可掌控度。高校官微虽然拓宽了思想政治教育的形式，但是也使得思想政治教育存在知识碎片化的现象，形成不了系统，思想政治教育工作者如何在“拉热度”和“思想政治教育”这两个点之间找到平衡是工作的难点。如果对于受教育者思想政治理念的把握程度不够，加上高校官微传播沟通机制并不健全，思想政治教育工作者将无法掌握消息的主导权，更无法掌控学生思想的整体态势。

（二）高校官微需要高效运作

高校各级组织在新媒体发展的热潮中，纷纷申请开通各种平台，但平台的顶层设计、发展定位、管理团队的配备、内容的甄选、日常监管方面往往缺乏统一的思考与管理，比如平台更新不及时形成“僵尸”平台，内容原创性偏少主要靠转发而形成“流水账式”平台，管理团队专业人员配备不足与专业素养不高、平台管理审核把关不严而引发网络舆情事件等问题屡见不鲜。因此，高校各类新媒体网络育人平台只有运用互联网思维去匹配大学生实际需求，创新传播方式，将供给侧改革生动实践于思想政治教育中，才能提高高校新媒体网络育人平台的发声效果与辐射作用。

（三）传播平台上的其他声音

学生在浏览高校官微的同时，也可以在平台上听到其他的声音，其他来自不同团体的声音经过通信工具所载有的信息不仅同样可以跨校园、跨地域甚至可以跨文化进行传播，其信息的简洁性和碎片化使得传播的信息鱼龙混杂、良莠不齐。尤其是一些商业机构与低俗文化不断提供各种诱人的信息，不断地挑战社会公众道德底线，在某种程度上干扰高校大学生的价值判断与社会核心价值观的学习与追求。微通信技术不仅是信息传播工具，在高校思想政治教育当中也发挥着塑造大学生思想和构建大学生价值观的作用，所以，社会上的各种势力团体都会运用微通信技术高校学生进行宣传，争夺受众。在其信息传播的过程当中肯定会夹杂一些腐朽的意识思想形态，在学生思想意识、价值观等尚未沉稳之际，运用微通信技术在高校开展高校思想政治教育必须面临的难题，增大了高校思想政治教育的难度，如何让高校官微具有战斗性，顺利占领舆论阵地是值得思考的问题。

四、如何让高校传播平台发挥价值

（一）占领思想政治教育阵地

对于高校思想政治教育工作而言，自媒体的兴起与发展对其产生的影响具有两面性。高校思想政治教育工作者既要对其不利影响作出预判，努力将其负面影响降至最低；同时又要认识到自媒体是高校思想政治教育工作的新契机，极大地拓宽了原有的教育途径。自媒体环境要求思想政治教育工作者利用多种渠道、措施、方法，积极整合优质教育资源，传播优质内容，提升思想政治教育工作的吸引力，丰富教学内容，以满足学生不断增长的信息需求。对于高校思想政治教育工作者而言，应将学校自媒体、社团的公众号和微博交流平台纳入其实际工作中，通过理论知识与网络平台相结合，将思想政治理论知识从教室课堂延伸至网络平台。此类做法除了能够全面准确地把握学生思想动态，还能够将有益信息与校园文化相融合，在潜移默化中培养学生的理想信念和政治信仰，梳理正确的价值观念，避免学生强烈的抵触心理。在内容表现形式上，思想政治教育工作者应该利用好先进的网络技术手段，避免单调的表现形式，可以利用文字、图片、视频、符号等多种元素相结合的表现手法，遵循图文并茂的工作原则，辅之以其中的转发功能、点赞功能、文字置顶功能等，增强思想政治教育的趣味性和吸引力。值得注意的是，在思想理论知识传播过程中，应牢牢把握思想政治教育这一内核，将其灵活内化、应用在各项工作中，营造和谐良好的交流环境，增强工作效果。

（二）增强思想政治教育工作亲和力

自媒体环境中有一类群体不容忽视—粉丝，其基数庞大、影响范围广，甚至在其中出现了表现群体诉求、具有平民精神的“意见领袖”，“意见领袖”的言论表达、行为方式等可能会对学生产生重大影响，吸引学生注意力和兴趣点。面对现实挑战，思想政治教育工作者应该综合利用多元化教育方式，比如在社区中对“意见领袖”的言论进行甄别筛选，选取其正面合理的内容，与思想教育工作相融合；或者培养一批积极正面的校园“意见领袖”，要求他们在校园社区发表言论时，积极将舆论引向正确的方向，发表更多有益于塑造优质网络环境的言论[1]。这种做法无疑打破传统教学模式的局限性，消除课

[1] 侯小蕾．自媒体环境下高校思想政治教育的困境与对策［J］．当代教育实践与教学研究，2019（24）．

堂“填鸭式”教学、学生心理排斥的弊端，在其日常现实生活中潜移默化地引导其树立正确的意识观念。综合利用自媒体环境下多元化教育方式，有助于思想政治教育工作者及时掌握学生动态，促进平等、有效的沟通，能够更好地提升思想政治教育工作的亲和力和针对性，达到更好的教育目的。

（三）培养学生甄别信息能力

高校学生囿于自身知识水平、生活经验、社会阅历等多方面因素影响，对于庞杂的网络信息尚不具备良好的明辨是非能力，容易受到负面信息影响。因此，高校思想政治教育工作就必须增强学生甄别信息能力，使其具备基本的明辨是非的能力。

高校思想政治教育工作者应当强化学生的政治素养，树立实事求是的观念意识，使其正确对待“意见领袖”的观点和看法，学会自行进行质疑、求证、甄别、筛选，拒绝随意转发和评论，拒绝人云亦云、随波逐流。在此过程中，对于思想政治教育工作者自身而言，同样需要自觉地学习相关知识，对繁杂的网络信息进行调查研究，提高自身的专业素养和甄别信息的能力，更好地引导学生提升自我。

（四）促进平等有效沟通

在自媒体盛行的互联网环境下，应当重点关注学生思想观念的形成及发展趋势，强化师生之间的平等交流、有效沟通，引导学生对政治信念形成归属感和认同感，并且不断坚定自身政治信念。拓宽师生交流沟通的途径，丰富交流沟通涉及的领域，畅通学生发表个人意见、反映情绪诉求等渠道。比如，可以以自媒体平台为依托，建设学生反馈意见、表达诉求的平台，教师同样可以在平台中答疑解惑，正面回应学生问题，相互之间平等交流。通过这样的交流方式，拉近师生之间的距离，顺应互联网发展趋势，营造良好的校园文化氛围和教育环境，更好地疏解学生情绪，才能切实增强思想政治教育工作实效[1]。

---

[1] 贺祯．自媒体视阈下高校思想政治教育工作的困境与对策［J］．新西部（理论版），2017（3）．

（五）强化完善高校官微的运营

做好高校的官微传播工作并非易事，需要建立一套涵盖各个环节的体制机制，才能为工作长期良性运转提供保障。首先，需要整合调动全校资源或者专门引进专业人员，打造一支具有专业技术素养的运营团队，在官微运营工作中发挥合力，为官微运营和传播提供基础保障。对于有思想政治、新闻、语言教育等相关专业优势与学科特色的高校，可以发挥自身优势，利用好相关专业资源。其次，还可以将官微传播纳入专业课程和社会实践评价体系中，鼓励学生参与官微运营和宣传实践工作，发挥自身专业特长，积极投身学校思想政治教育，带动周边同学关注校园官微平台的发展。最后，应当发挥网络渠道优势，把握官微传播新机遇，将官微传播和运作与高校教学实践、行政服务等工作紧密结合，推送学校优质新闻和信息内容，充分利用好新媒体平台进行融合传播，以吸引更多受众主动全面地了解、关注学校，扩大学校官微网络传播力和影响力。

第三节　思政综合网红的异军突起

一、什么是思政网红

20 世纪末 21 世纪初，网络文学兴起，网红的雏形诞生于受追捧的文字传播者群体之中，“网红”的定义伴随着信息传播技术的发展不断更新。网红一般是指在现实或者网络生活中，因为某个事件或者其行为或者长期持续性地输出专业知识而被广大网民关注的人，特点在于“出名而被追捧和关注”和“文化产品的无差别输出”。

网红一般分为两类，分别为一般意义上的“网红”和专业型“网红”。前者借助互联网的社交媒体，通过各种方式展示自己的行为或者个人成功富足的生活等，利用网友的好奇心理，从而吸引众多粉丝关注的网络群体；后者则是指在网络中以“专业人士”身份出现的网络群体，比如，在知乎、简书、豆瓣等社交媒体上凭借其自身的专业知识分享大量有价值的内容，从而积累一大批忠实粉丝。而“思政网红”，则是通过其在思政领域的专业知识，持续输出带有思政内涵的专业或娱乐文化产品的人，他既可以是专业人士，也可以是普通大众。

针对思想政治教育工作者形象刻板化的问题，国内部分高校和思想政治课教师正试图开展有益尝试。“思政网红”就是一个有益尝试，比如南京航空航天大学徐川、复旦大学陈果、中国政法大学施鹏鹏等年轻教师，他们在具备思想政治教育专业素养的同时，又敢于突破常规思维，从传统思想政治教育课堂中解脱出来，创新课堂形式，具有强大的个人魅力，广受学生欢迎。

在互联网时代下，“网红”受到青少年的追捧，当前尤其以“00后”大学生为主要受众，他们思想开放活跃、个性鲜明、有着极强的自我意识，但是也存在着自控力不足、辨别能力弱等问题，虽对于新鲜事物具有更强的适应能力，这也意味着其易受表面上“新鲜”、实质上“腐败”的事物误导。在一定程度上来说，大学生的思想观念和道德伦理认知能力，受到了“网红”影响较大。

大学生追求新潮和与众不同，青少年的叛逆心理中又带着对明星、名人“英雄”式的崇拜。因此，高校思想政治教育者在进行大学生思想政治工作时，要重视当代大学生这一心理特征，顺应时代变化，在众多所谓新鲜事物中进行筛选、利用，激励、引导大学生的思想导向。比如在众多“网红”中，既有符合主流价值观，追求真善美、依靠个人才华和人格魅力走红的网红，但也存在着凭借炫富甚至低俗思想哗众取宠的人。前者通过自身积极向上的一言一行将社会正能量传递给其追随者们；而后者大肆传播低俗恶俗文化、堕落享乐思想，对大学生价值观和思想信念带来极为恶劣的影响。因此，对于“网红”，我们并不能全盘否定，而应区别对待，对于符合主流价值观的网红，应当予以接纳和支持；而至于低俗腐败的网红，则与之以毫不留情的抵制与驱逐，大学生需要传播正能量和优秀文化，为他们人生成长带来积极影响的网络红人，从而来引导他们勇于表达自我、发掘优势、追求自由创新的生活。

二、思政网红的特点

（一）思政网红教育主体的灵活性

目前网络上有不少活跃的网红，他们也许并不一定是思政专业的工作者，但是在他们的耕耘中收获了一批愿意倾听他们声音的读者。

徐川：2016年4月，一名大学生在“南航徐川”账户下留言，大意是其虽已具备入党条件，但对是否应该争取入党尚在犹豫纠结中，希望就此得到徐川的解答。徐川并未就此问题直接正面回应解答，而是梳理个人入党的心路历程之后，写就长文《答学生问：我为什么加入中国共产党》，在其个人微信公众号上发表，其后引起了广泛关注，先后被人民日报等多个官方微信公众平台转载，部分主流媒体对此进行了集中报道。徐川长期工作经验总结下来的工作方法也被命名为“徐川思政工作法”，在诸多高校加以推广，徐川由此而成为“思政网红”。

陈果：复旦大学哲学系博士，现为复旦大学“思想道德修养与法律基础课”任课教师。陈果在授课风格鲜明，在课堂上娓娓道来、妙语连珠，学生也备受启发，因此她的课堂往往是座无虚席，也常常有校外学生慕名而来。后来，新闻联播对其独特的思想政治理论课教学方法进行了采访介绍。

施鹏鹏：中国政法大学教授、博士生导师，主攻刑事诉讼法，常年活跃于微博，写有《写给年轻人的一封战书》《法律人的爱情之辩》等有关年轻人成长的发言和文章，以诙谐的语言评论时事，也以严谨的逻辑论证法律，在网络上受到学生欢迎。

除上述的典型网红之外，其他人也可以成为网红。具有社会正能量的“网红”因具有较强的人格魅力和道德影响力而成为社会的榜样。比如国家游泳队运动员傅园慧在参加2016年里约奥运会女子100米仰泳比赛中，凭借“洪荒之力”成为网红，同时，以其形象所制成的“表情包”大受网民喜爱。傅园慧为我们呈现了与以往运动员不同的形象，既有传统运动员敢于拼搏、坚忍不拔、为国争光的精神，同时又具备年轻人的蓬勃朝气、活泼性格，而这些优秀的品质都值得我们大学生尊敬、学习。事实上如傅园慧这类符合社会主流价值的网红并不少见，在“挑战不可能”节目中运用科学分析呈现“听音识人”的四川大学教师、“中国梦想秀”的“断臂钢琴家”刘伟，又或是在新闻中时常出现的“最美护士”“最美警察”“最美教师”等，都是这类传递正能量网红的典型代表。

这些网红的最大特点在于灵活，具体可表现在三个方面：第一，创新方法，与时俱进。他们将枯燥乏味的思政理论知识内化于心、外化于行，通过现今流行的社交媒体、途径与学生进行互动。这为同样利用网络社交平台的思想政治教育者队伍做了良好的示范，为新时期思想政治教育开辟了一条新途径，生动形象地展示了“互联网+思政”的含义。第二，主题鲜明，形式多样。新时期思想政治教育背景下，“以学生为中心”仍是教育者教学的重点，要以此为中心展开探讨思想政治教育的相关措施。而同样的，思政网红也应在开展思想政治教学的过程中始终将学生放在第一位。第三，关注热点，增进交流。广泛了解学生对于社会热点问题的关注情况、个人看法等，把握社会热点问题对于思想政治教育工作的影响和特征，实施具有针对性的交流、教育方案，对大学生进行有效引导。

思想政治教育工作者，尤其是青年教师，应当学习并掌握“思政网红”的灵活性。这一认识既有助于树立思想政治教育工作者的亲和形象，充分发挥榜样教育作用，又利于激发学生的参与热情，增强思想政治教育课程的活力，从而强化思想政治课的领先地位。

（二）思政网红教育过程的“无意识性”

思想政治教育不能仅仅是意识形态的强制灌输，更应该是潜移默化地改变他人对事物的看法，是一种“无意识”的教育。与有意识教育相比，无意识教育所具有的独特性体现在教育内容的传递方式上，后者更注重教育内容的趣味性、教育过程的人文性，即将教育目标和知识融入思政课程中，深刻挖掘传统文化和思想政治理论知识的趣味性，结合思政课学科特点和学科内容，以及大学生自身的强烈好奇心和求知欲，进行潜移默化式的教育。“网红”利用自身才能吸引大学生广泛关注，并积极与大学生产生互动，从一定程度上来说，这填补了大学生课余生活的空白，但是这也使得大学生对网络红人产生依赖，在不知不觉中逐步接受“网红”的思想观念，简言之，“网红”正在逐步成为前文所述的“意见领袖”式的人物。显而易见，我们应当提倡正面、积极向上的“网红”并坚决抵制低端恶俗的“网红”。

或许，“网红”成为“意见领袖”式人物的案例可以给我们以启发：我们应当认识到，仅是生硬的理论难以打动学生，而富含情感的教育内容与方式可以做到这一点，而依托艺术所塑造出的艺术形象就有助于此，这些经典形象往往能丰富人、打动人、感染人，从而取得较之传统方式更好的教学效果。思想政治教育工作者可以通过艺术手法、文学创作等方式，将传统文化中的经典形象进行加工，与思想政治理论知识相结合，使得教育内容更具有趣味性，更加生动形象，富有感染力，做到寓教于乐，将原本枯燥的教育过程穿插于文娱活动中，潜移默化，润物无声。事实上，社会不断进步，人们生活水平逐步提高，对于精神生活和文学艺术追求也会日益增加，把握社会生活发展规律进行相应的思想政治教育，将会是新时代无意识教育工作方法创新发展的重要趋势[1]。

（三）思政网红教育效果的实践性

思政网红教育是理论与实践的结合，具有鲜明的实践性特征。对于高校思想政治教育工作而言，是否能够不断变通工作方式，拓展沟通渠道，在学生和老师之间搭建一座桥梁，使高校思想政治教育工作不仅仅是纸上空谈，而是深入每一个个体，有针对性地开展思想政治教育工作，将思想政治教育工作落到实处是关系到高校思想政治教育工作成效的关键。笔者系西南政法大学经济法学院基层辅导员，看到了高校思想政治教育网络化的方向，尝试将网络交流方式融入自己的日常思政工作中，发现网络化不仅可以准确迅速传达工作，更因有别于传统的方式得到了同学的热切呼应。笔者从2008年开始坚持通过发表博文、搭建辅导员博客的方式传递正能

[1] 谭茜，肖亚楠．优秀传统文化融入思政课的重要方式：“无意识”教育［J］．读与写（教育教学刊），2019（12）．

量，引导学生深入学习社会主义核心价值观，共发表博文近400篇共计20万余字。2009年笔者开通“腾讯微博”，先后发表微博1000多条。近几年微信流行后，笔者于2013年开通微信朋友圈，同时致力于微信公众平台“朱言珠语”的建设。不仅如此，笔者曾组织学生拍摄微电影，模仿TED论坛的模式制作了学生自己的微论坛。通过建设辅导员博客、微博、微信公众平台、微信朋友圈、拍摄微电影、制作微论坛等方式开展思想政治教育，以此达到润物细无声的教育效果，受到广大学生的欢迎和好评，也在学校内部产生了积极的影响。

三、思政网红需要注意的问题

首先，“思政网红”必须要牢牢把握其“思政”属性，“网红”是其手段，“思政”教育才是其目标所在，因此，必须要坚持思想性、政治性和导向性。虽然“思政网红”不同于完全以追求利益为目的的商业行为，但从素人到“网红”这一发展过程来看，“思政网红”与商业性“网红”成名过程并无明显差别，都必须要借助新媒体等网络技术进行推广宣传，吸引受众关注而产生轰动效应，“南航徐川”便是一个典型范例。但是在这个进化过程中，“思政网红”不得不面对的现实问题在于，如何避免陷入成名困扰而过分关注其娱乐性，最终滑向“重娱乐、轻思想”的庸俗化发展趋势。思想政治课教学的改革应当是在坚定马克思主义学科意识、把握内在规律特质的前提下对教学方法予以创新，因此，“思政网红”对于高校的思想政治教育而言，更多的是一种方法和手段的创新，其教育本质、教育宗旨始终如一。

其次，“思政网红”必须要牢记教书育人这一最终目标和使命。简言之，“思政网红”作为高校思想政治教育工作队伍中“新鲜血液”，可以在教育的方式方法上进行创新和改革，但是不能脱离基本教育原则，与教育使命背道而驰，否则，这样的创新就毫无意义甚至是有害的。将思想教育作为高校教书育人的出发点和落脚点，帮助和引导大学生正确理性地利用鱼龙混杂的网络信息。“网红”式思政教师的作用，不应该仅仅局限于提升课堂吸引力和思政课程到课率，而是应该认识到当基础思想政治理论知识与社会技术发展趋势相结合，利用好社会发展的正向效应，才能更好地拓展思想政治教育的外延，丰富思想政治教育的内涵。

“网红”具有低门槛性，而现实中存在不少为了成为网红，不惜突破下限的人，这其中就包括了高校师生群体中的一部分急功近利、好高骛远之人，这些人为了尽快走红网络以获取不当利益来满足自己日益膨胀的物质需求，或哗众取宠，或捏造、传播虚假事实，又或肆意攻击他人，更有甚者，还可能诱导他人自残或者危害社会，损害他人合法权益、破坏社会和谐以及党的形象。比如为了吸引他人眼球，在网络鼓吹“新自由主义思想”“无政府主义理论”及其他不合时宜的敏感政治言论，这些言论对年轻气盛、甄别能力又较弱的大学生而言，具有极强的煽动作用，动摇学生思想观念。近年来“网络直播乱象”频频曝光，而其中三俗文化、拜金主义、享乐主义等有违主流价值观直播行为占据较大比重，这些乱象的背后，都是利益追求使然，无论是早孕的未成年人“快手一姐”，还是曾经盛极一时而后因“说唱吸毒”事件销声匿迹的“草根主播”天佑，对金钱的贪婪使他们铤而走险、肆无忌惮。这些行为不仅仅是对传统伦理道德的玷污，也是对法律的触犯。“网红”的出现是顺应经济转型的一个表现，然而其能否被评价为“新事物”还应当经过时间的考验，即“网红”的发展同样必须符合社会进步的需求，应当符合社会主流价值观和核心价值体系。由可此见，培养学生识别、认清“网红”实质、理性支持“网红”，树立其正确的“网红观”也是高校思想政治教育的重要目标。

四、如何让思政网红发挥价值

（一）给予“思政网红”展示空间

时代在前进，这就决定了思想政治教育的目标、内容和方法也要紧跟社会发展的脚步，即思想政治教育具有时代性特征，不能墨守成规以致滞后于时代，更不允许其与时代背道而行。上述已经提到，“网红”所带来的影响有弊也有利，高校在进行思想政治教育时应对“网红”带来的不同影响予以区别对待，应该主动引导、利用“网红”带来的积极影响，给予“网红”一定的展示空间，肯定其所传播的内容具有积极正面内涵，而不能固守传统的“人怕出名”思想。提倡高校集思广益、开拓思路，打造高素质思想政治教育工作队伍，努力丰富思想政治教育的内容，创新教育形式，让思想政治教育更接地气，更贴近学生校园生活。

随着改革开放的不断深入，社会主义市场经济不断发展，多元文化碰撞融合，在此种环境背景下成长的大学生其思想意识亦呈现出独立性、多变性的特点，这就使得传统的思政教学方式日益显得古板，拘泥于传统形式的教育无法兼顾新生代大学生的个性化需求，反而容易造成逆反心理，而新兴“思政网红”教育形式就能够更好地照顾学生的个性，因此应当给予其一定的发挥空间。当然，同样不能忽视“网红”的负面效应。如果放任自流将会适得其反，对思想政治教育产生重大负面影响。对此，一方面既要强化大学生分辨是非、判断正误的能力；另一方面也要及时纠正负能量“网红”错误言论，抵制散播负能量“网红”。总而言之，“思政网红”的出现和发展对于高校思想政治教育而言是一把“双刃剑”，机遇与挑战并存，如何扬长避短，是今后需要重点关注的问题。

（二）发挥“思政网红”带头作用

所谓示范效应，是指教育示范者值得被效仿的优质示范因素，经由示范受众学习和借鉴，对其产生积极影响，超越原教育示范者的过程。正能量“网红”同样能产生示范效应，相较课堂上的传统教师而言，“网红”更贴近生活、更加“接地气”，他们所展现的活泼形象更容易被新生代学生群体所接受，并使之产生互动交流的想法。最为难得的是，这些正能量“网红”通过其言行实实在在地以身作则，让受众感受到其身上所具有的拼搏精神和高尚人格，这与一些教育者仅在口头上呼吁相比，无疑会起到很好的激励作用，对大学生树立正确的思想观念作了积极正向的引导与示范。

（三）积极培育优秀学生领袖成为“思政网红”

在当前的互联网时代下，“网红”现象已进入“井喷式”的发展阶段，他们背后往往存有专业的幕后团队，在多元平台上对其进行精致包装炒作，打造精致人设。事实上，若我们在日常生活中稍加注意，便会发现这些“网红”留下的踪迹随处可见，其中以抖音、快手、微博、微信等短视频平台和社交媒体平台中最为常见。

根据“网红”的演进规律，高校思想政治教育可以尝试主动积极培育优秀学生领袖成为校园“思政网红”。为大学生喜爱的“网红”多来自于民间，即所谓的草根群体，但“草根网红”并不是以大道理、哲理或是心灵鸡汤吸引大学生，而是充分利用其自身的优势，比如贴近校园生活的选题、幽默犀利的语言、见解独到的观点等引起大学生的共鸣，在一定程度上发挥着意见领袖的作用。自主打造校园思政网红，事实上这也给高校的校园文化建设提供了新思路。与“完美式”的榜样相比，大多数学生反而对那些在某个方面具有突出表现的同学更为钦佩，因此，高校应该主动挖掘有闪光点的“专才”，并利用校内资源将他们塑造成为校园“新偶像”“新榜样”，从而使真正意义上的正能量青年能够产生互联网时代下思政领域的示范效应。从被示范对象的角度来看，现实地看到、摸到在身边真实存在的正能量“网红”，这一同辈榜样的教育效果更加直接、切身地影响着其他同学。总之，塑造符合主旋律的校园网红，助推高校思想政治教育，是创新网络时代背景下高校思想政治教育的重要途径。

第四节　辅导员网络平台的普遍构建

一、辅导员在思想政治教育网络平台建设中的定位和作用

在全国高校思想政治工作会议上，习近平总书记指出，做好高校思想政治工作，要因事而化、因时而进、因势而新[1]。

辅导员是新时代网络思想政治教育工作的践行者。我们可以看到，原来

[1] 习近平总书记在全国高校思想政治工作会议上的讲话［EB/OL］.（2016-12-10）［2020-3-25］. http：//dangjian. people. com. cn. html.

作为技术工具、媒介渠道、载体平台角色的网络，现已进化为基础性社会要素，是促进生产生活方式改进的重要手段[1]。思想政治教育承担着政治使命，是教育下一代人健康向上的重要方式，而辅导员是高校思想政治教育的落实者，辅导员全面参与新时代高校思想政治教育网络平台是题中应有之义。辅导员在具体工作中的全面参与有利于用好课堂教学主渠道，协同发展思想政治教育课程，广泛创建文化校园。至于辅导员应如何全面参与网络思想政治教育平台的建设，辅导员可以利用新媒体、新技术，将在传统思想政治教育工作中所获取的宝贵经验同信息技术高度融合，在遵循网络生态规律的同时，做到传统与新兴技术的优势互补，从而破解当前高校思想政治教育的载体、内容、形式等方面面临的困境，以达到增强高校思想政治教育吸引力、实效性、针对性的效果。

辅导员是新时代学生思想政治教育工作的翻译者。在互联网尚未如此盛行之时，思想政治教育者与受教育者之间存在严重信息不对称的现象，前者掌握话语权，成为后者信息来源。而如今，教育者与受教育者都能随时随地地通过网络查找信息，双方获取信息的途径、数量客观上大体都是一样的，双方之间的主要矛盾不再是“信息壁垒”，而是“理解障碍”。当今大学生成长的环境背景远不同于思想政治教育者的成长环境，这就导致了当代大学生群体有着其独特的网络行为风格与模式。因此，倘若要想让学生真正接受、理解、内化思想政治理论知识，就应当转变交流方式，积极采用网络语言，将思想政治教育话语体系与学生群体内所共识的、承载特定意义话语体系相对接，让受教育者看到更多有丰富内涵、有深度广度、有趣味性而又非泛娱乐化的内容，以满足受教育者精神需求和价值追求。在教育场域中，辅导员也应当认识到新生代受教育者与传统思想政治教育有着时代的隔阂，在选择讨论话题与相关议程时，必须考虑话题的适当性，包括该话题是否迎合大学生受教育的需求，能否被学生理解、接受。显而易见的是，倘若辅导员真正做到关注学生需求、重视学生感受、贴近学生生活，学生对思想教育的接受

[1] 侯晓晨．网络生态环境下高校思想政治教育实效性探析［J］．教书育人（高教论坛），2019（36）．

度、信任感和实效性也就越高[1]。

辅导员是新时代网络思想政治教育工作的整理者。在多元化文化和信息爆炸时代，辅导员试图仅凭自己一人之力去回答、解决所有问题不切实际，术业有专攻，辅导员应正视自己的弱项，对于那些自身无法予以解答的问题，充分利用互联网集思广益的功能，对相关话题或言论要及时进行收集、整理、分析并向组织报告。同时，对于那些已经具有初步讨论结果的话题，网络辅导员也应该及时进行整合、归纳，并将整理后的讨论结果发布到传播平台上供学生查询、回顾。未来的辅导员将掌握较丰富的网络信息和知识，成为网络技术方面的能人，并具有较强的网络交往能力。辅导员可以通过迅捷的网络能有效地应对学生中出现的网恋、网络依赖等问题，有能力通过多种手段和方法开导在网络中出现思想或心理问题的学生等。

二、辅导员全面参与的手段

（一）加强理论建设

高校辅导员不论是想拓展思想政治教育的新路径还是想在其他方面予以创新突破，都要以自身扎实、丰富的思想政治理论为根基。要想育人，必先育己，即要求高校辅导员加强理论建设，以应对互联网时代对其提出的更加多元、更高层次的要求。

首先，要辅导员领会习近平新时代中国特色社会主义思想在思想政治教育网络平台建设上的要求，以理论结合实际，丰富思想政治教育内涵。师者，传道授业解惑也，教育学生、为学生答疑解惑，其自身必须先有丰富的理论知识。大学生尚未建成自身的观念体系，在此过程中，难免出现思想上的疑问和困惑，老师对其而言充当着“人生导师”的角色，而若辅导员此时无法提供相应的指导或不正确地理解大学生的思想观念，大学生自然而然就会转向其他途径寻求帮助或理解，而这将导致两方面不利后果：一方面，其他途

[1] 侯晓晨．网络生态环境下高校思想政治教育实效性探析［J］．教书育人（高教论坛），2019（36）．

径带给学生的往往是一些不准确甚至错误的观念和指导；另一方面，辅导员无法提供应该由其所提供的纾解和慰藉，大学生的合理利益诉求在其他途径得到满足和回应，老师的“无能”使思想政治教育失去了吸引力和应起的作用。

其次，适当的交流方式才能充分展现高校辅导员的理论深度。通俗易懂比佶屈聱牙更能深入人心，这要求高校辅导员要改变原有的交流方式，在语言形式和内容上进行创新，主动去学习、了解学生们的世界，用学生能够听懂的语言把自己所学交给学生，以适应教育的发展。高校传统的思想政治教育多是采取给学生讲大道理的方式，然而从教育实践可以看出，空洞性的大道理说教、灌输方式难以激发学生学习兴趣，甚至会让部分学习产生排斥、抵触等逆反心理。因此，网络背景下的新时代辅导员可以尝试采用网络语言形式为大学生传达思想教育内容，选取生活化教学素材或将高深的理论知识生活化，既能体现理论与实践的结合，又能调动大学生的学习积极性。此外，自媒体的语言活泼幽默，使辅导员显得平易近人，迅速拉近与学生之间的距离，亦有助于辅导员开展思想政治工作，提高效率。

（二）搭建新兴平台

工欲善其事，必先利其器。在网络信息时代，互联网技术已经深入社会生活方方面面，高校辅导员开展包括思想政治教育在内的各项工作都必须充分借助网络平台，因此，高校辅导员也必须积极主动学习网络技能、自媒体运营技能、信息化教学技能等基础技术，为拓展思想政治教育工作路径、创新思想政治教育方式方法奠定技术基础。高校也应该打造一支具有扎实网络技术基础和优秀思想政治教育理论素养的专业队伍，发挥网络技术和团队协作优势以增强教育效果。在队伍中，不同专业的辅导员发挥自身特长，取长补短，相互之间优势互补，以团队式工作代替单打独斗。

传统教学中，高校辅导员比较倾向于点对点地对大学生进行思想政治教学，然而这种教学模式所取得的教学效果并不明显。自媒体时代迫使高校辅导员采取变革工作方法，自觉强化信息技术技能，将其与思想政治教育工作融合，熟练运用自媒体平台拓展自己的工作阵地。在自媒体蓬勃发展的今天，学生有更为便捷快速的方式获取信息，因此思想政治教育工作者在坚持传统教学课堂的同时，也要充分利用好校园网络平台，通过线上线下教学相结合，组织引导大学生参与有益的线上活动、社团活动、比赛项目等，潜移默化中对其产生有益影响。

同时，辅导员还可以借助网络平台探索有效的教育路径、创新教育模式，形成网络、校园、课堂“三位一体”的思想政治教育体系。在信息化时代，网络具有开放性，其所存储的信息量十分庞大，而大学生对网络具有广泛兴趣，并能通过网络突破地域、时间的限制进行互动。辅导员应当通过这种交流了解学生的思想动态，并在恰当时机给予适当引导以至于学生不会在“虚拟世界”中迷失自我。因此，辅导员可以在交流的过程中渗透思想政治教育内容，同时注意理解、尊重学生，有针对性地满足学生心理和情感诉求，在帮助引导学生树立正确的思想政治观念的同时，也要关注学生个性化发展。

（三）促进合理分工

无论是虚拟网络社区、高校网络平台，都要求思想政治教育工作者自觉在网上和学生打成一片，消除权威、搞特殊化带来的隔阂，无论是传统思想政治教育还是新时代网络平台教育，只有平等的交流才能使得沟通有效。

在新时代高校思想政治教育网络平台建设语境下，合理的分工首先是合理划分思想政治教育工作者的职能，思想政治教育虚拟社区工作者要承担虚拟社区建设的重任，保证学生顺利使用相关应用软件；高校传播平台要坚持权威性和时效性，及时宣传发布思想政治教育内容；普通高校辅导员要立足本职工作，以人为本，继续在思想政治教育一线引导教育学生。

在自媒体平台涌现的当下，辅导员开展思想教育工作需要细化工作内容。正如前文所述，在互联网时代背景下，学生获取信息的方式、渠道、数量等与教师相比并无明显差别，然而网络上的信息虚虚实实，大学生极有可能受到消极、不实的信息引导。因此，高校辅导员可以对有针对性、具有教育意义的话题进行信息整理，搜集有关思想政治教育方面的实际案例，强化学生分辨是非对错的能力。这种做法可以避免传统纯理论教学的弊端，以理论与实践的结合对学生的思想进行引导，更具说服力。

在新时代高校思想政治教育时代，高校辅导员开展思想政治教育时应对自身的角色进行重新定位，即新时代下教育者与受教育者更多的是一种平等关系，高校辅导员作为教育者的一员，应以平等姿态处理与学生的关系，鼓励大学生勇敢地表达自己，展现个人观点和看法，而不是强调其掌握思想政治教育工作的绝对话语权，让学生有话可说，维护其表达想法的权利，构建师生平等对话的教学模式，与学生共同打造辅导员与大学生之间的和谐关系，从而增强大学生参加思想政治学习的积极性[1]。

---

[1] 孙振尧．自媒体时代高校辅导员思想政治教育工作路径摭［J］．成才之路，2019（36）．

第四章
新时代高校思想政治教育网络平台建设的困境探析

高校思想政治教育网络平台建设虽然经过多年的努力得到了长足发展，但是仍然面临着严峻挑战。一方面，部分大学生缺乏辨别是非的能力，很容易被网络上良莠不齐的信息误导，形成错误的“三观”；另一方面，思想政治教育网络平台建设存在诸多困境，比如资源与技术人员的匮乏、教育队伍素质有待提高、平台本身缺乏整合性黏合性等。这些问题都是我们在建设高校思想政治教育网络平台时需要解决的，下面笔者将结合近年来各高校建设思想政治教育网络平台的现状，对这些困境进行一一剖析。

第一节　高校思想政治教育网络平台建设的器物约束

一、技术掣肘

好的网络平台，需要过硬的网络技术支撑。高校思想政治教育网络平台与一般的手机应用 App 最大的不同就是，其自身几乎无商业利益可言，难以吸引资本市场注入资金发展技术。目前，高校思想政治教育网络平台建设的主要资金来源是国家拨款。尽管现在已经做到高校资金专款专用，但高校思想政治工作的资金投入更多倾向于传统的思想政治教育模式，将大部分资金用于高校思想政治网络平台的建设及维护至少在现在看来是不切实际的。总的来说，平台建设的技术掣肘主要体现在以下几个方面。

（一）网络思想政治平台整体开发缺乏技术支持

互联网现如今基本上是普及到每个家庭，大学生是众多网民的中坚力量。有需求就会有市场，正是由于网络可以满足大学生群体的基本生活需求，如美食、购物、娱乐等，网络平台如淘宝、京东、拼多多等才会应运而生。在数据流量时代，思想政治教育也转变了传统的宣传方式，不再拘泥于以前的课堂教授、宣传手册、报纸等传统教育模式，各大高校也专门建立起思想政治教育网络平台。但首先面临的问题就是网络平台的整体开发缺乏技术支持，紧接着就会造成以下几种结果。第一，创新不够，缺乏吸引力。高校不能开发新的板块来增强和学生之间的互动，时间一长学生就会觉得单调乏味，对此失去新鲜感，从而放弃使用；第二，网络维修不及时。当出现网络崩溃等情况时，无法及时修复，这也会导致学生的浏览量降低；第三，网络监管薄弱。学生每天从网络上接触到的信息包罗万象，加上大学生群体鲜明的盲目性、求知性等特点，无法辨别信息的真伪，因此，网络技术不到位则可能出现监管漏洞，很容易让大学生接触到一些快餐文化，从而影响大学生正确世界观、人生观、价值观的形成。

（二）现有网络平台思想政治化缺乏技术支持

现在大学生的主要交流软件是 QQ、微信、微博等，这些网络平台一是网络监管薄弱，注册账号、发表言论、发帖发文章等均无须实名，网络监管技术跟不上导致监管压力大；二是平台内部管理较为松散，其所宣传的内容往往是以追求点击量为目的，导致快餐文化、娱乐新闻甚至是虚假消息传播量大且不可控。部分大学生被网络上铺天盖地的“泡沫文化”所湮灭，思想政治教育在网络平台上几乎无立足之地。当然各大高校都曾经做出过尝试并取得过很好的效果。国内第一个思想政治教育网站是 1998 年底清华大学汽车工程系创办的“红色网站”，1999 年“红色网站”第二次改版，走出局域网，2000 年第三次改版后隆重向互联网世界推出。在清华大学“红色网站”的影响下，多数高校都相继建立了同类型的思想政治教育网站。并且各大高校也都建立起自己的 BBS 论坛，学生不仅能在论坛里畅所欲言，更能在此接受思想政治理论教育。但是随着互联网技术的发展与成熟，这些网站的技术就显得相对落后陈旧，因而正逐渐被学生抛弃，对大学生而言它们已经不再具有吸引力。所以，如何利用学生喜闻乐见的网络平台开展思想政治教育是我们作为教育者需要考虑的问题。又如作为教育部和教育信息化 2015 年的重点项目的易班，同样需要技术支持。而若每个高校都能利用自己的校园网建立起趣味性和实用性兼备的网络平台，这无疑将有助于高校开展思想政治教育工作。

（三）教育主体对网络技术手段掌握的欠缺

现在高校的思想政治教育网络平台一般是由辅导员、团委老师以及优秀的学生干部来管理，但如上文所述，思想政治教育工作者虽然有很深厚的思想政治教育理论功底，对于网络技术的掌握只能说是半斤八两。由于教育主体欠缺对网络技术手段的掌握，即使其有创新的想法也心有余而技术不足。因此，为了顺应新时代的发展，如今高校的思想政治教育需要的应当是兼备思想政治教育理论基础和网络技术的复合型人才。而复合型人才的培养也需分两步走，第一步，也是最为重要的一步，即转变教育主体的思维，要让他们意识到“并不是自己作为教育者只用负责教育就行，网络对自己太过复杂就不用去学习”。这种思维是普遍存在于现在的高校教育主体的，对此首先应该引导教育者转变这种思维，使其顺应时代发展的需求。第二步则是重视对教育主体网络技术的培训，只要他们自愿主动去学习，高校应当积极组织技术人员对其进行培训。走好这两步，不仅能使传统的教育主体发展为理论与技术兼备的复合型人才，也能进一步使网络思想教育工作的成效趋于最优化。

二、国内外环境制约

改革开放后，中国和世界进一步融合，全球化趋势越来越明显，在中国走向世界的同时，更加多元的文化和丰富多彩的世界也走进了中国。由于全球化本身包含利弊，是一柄“双刃剑”，加之目前国际形势非常复杂，中国虽然日益崛起，也不得不随时警惕外国势力的“文化植入”。具体而言，我们应当避免以下三种势力的渗透：一是国外的敌对势力。尽管我国一直保持着

“和平共处、互利共赢”的大国形象，然而不能避免的是，有些国家总是对外发表“中国威胁论”，以此来制约中国的发展。二是宗教势力。我国一直崇尚宗教信仰自由，但总有些邪教组织打着宗教的幌子来发表一些反党反政府的言论，有时甚至是反人性的言论。三是国内外非法组织。纵观国际形势，非法组织的势力也已经渗透到了我们的生活中，试图破坏中国的持续健康发展。

网络和科技的迅速发展使国内外环境更加复杂，即使设置了各种防火墙和隔离墙，也不能做到异常严格的信息筛选，仍旧会有侥幸分子，如黑客破坏隔离设备，在网络上发布各种信息。虽然这不单单是思想政治网络平台的难题，同时也是各类网络平台都会面对的难题，但是对于高校思想政治教育工作而言，这一问题的严重性尤为突出。国外敌对势力、宗教势力或者不法组织经常在网络上散播虚假消息、不实信息、不良信息，极大地扰乱了网络秩序，误导了青年大学生。各类虚假消息、不实信息、不良信息，被注入新奇有趣、大胆刺激等元素，博人眼球，受到个别青年大学生的追捧。无论是之前的快餐文化，还是时不时出现对各种历史人物和历史事件的曲解和戏谑，都能反映出大学生受这种负面消息影响很深，更能从侧面反映出思想政治教育网络平台建设的必要性和紧迫性。

我们必须意识到，青年大学生是祖国的未来，在他们的生活习惯和学习方式越来越多地受网络影响的情况下，我们应该对其进行强有力的引导，以保证青年大学生的健康成长。大学生是国家人才的后备军，网络上的各方势力都想利用各种手段来争取得到大学生群体的支持，因此他们会利用各种具有感官刺激性的内容来引起大学生的注意，而后再陆续发布一些与主流文化不和的信息，从而影响大学生“三观”的正确形成。大学生大都喜爱追求新鲜事物，因此对类似于思想政治教育网站的兴趣逐渐降低。再加上网络平台本身开放性、隐蔽性的特点，使得大学生所面对的网络环境更加复杂。这也是我们难以建立起高质量思想政治教育网络平台的重要原因之一。如何吸引大学生的主要注意力，引导其形成正确的三观是我们作为教育者的终生课题。

三、资源整合乏力

在思想政治网络平台建设的技术层面和发展条件层面，我们分别做了详细的分析。还有一个非常重要的器物约束层面——资源整合层面，也是值得我们去研究的。众所周知，任何理论思想都有自己的框架和理论构造。诚然，思想政治教育也是一门系统的理论科学，它也有自身的框架。且不同于其他的理论教育，思想政治教育具有普适性，是为社会发展所需的，尤其是大学生成长所需的，它对于大学生“三观”的正确形成起着举足轻重的作用。因此，国家非常重视青年人的思想政治教育，教育主体也针对如何提高青年大学生对思想政治的兴趣这个问题展开了深层次的研究与探讨。应当引起重视的是，虽然现如今中国国力强盛，已经基本实现教育的基础覆盖，我们仍需承认目前依旧存在教育资源稀缺的现象。尤其是在新兴的思想政治教育网络平台建设方面，这一问题愈加明显，学生对思想政治教育知识需求与枯燥匮乏的思想政治教育形成了鲜明的对比，而对于这种不平衡局面的形成原因，我们可以从以下几点进行总结。

（一）优秀的教育主体不普遍

在我国承担思想政治教育工作的主要是高校教师，在全员育人的大背景下，教育主体的积极性、主动性被越来越多地激发出来，教育效果愈加显现。但是我们必须看到，很长时间里，高校思想政治教育工作主要由辅导员来承担，思想政治教师仅在自己的任课范围内承担一定的思想政治教育工作，并且其他教育主体也只是在自身工作职责内起到教育作用。然而作为高校思想政治教育主力军的辅导员常常被日常管理工作所吞没，对于学生的思想政治教育分身乏术。同时，很多辅导员由于没有对大学生的思想政治理论进行系统的学习，尚未科学系统地掌握思想政治教育的内容，导致其思想政治教育工作难以有实质效果。即使有一些高校辅导员做得非常好，经过一段时间后这些优秀的教育者往往会被提拔到学校的管理层面工作，这样极易导致大学生思想政治教育师资队伍的不稳定和大学生思想政治教育的断层。在教育层面，我们一直追求的就是教育资源的持续发展，在培养优秀的教育主体的同时，我们也应当保证其稳定性，从而使高校的思想政治教育处于常态。因此，在高校层面，如何同时提高教育主体的资质和稳定性是我们现下需要解决的问题。

（二）优质的教育内容不普遍

自清华大学 1998 年创办第一个思想政治教育网站“红色网站”至今，思想政治教育网络平台在我国已经发展了 20 余年，但其影响力却没有叠加。以共青团网站为例来说，曾有机构专门对此进行了一项调查，该调查针对平时上网的青少年，发现访问过共青团网站的青少年只占所有青少年总数的 9.9%，有 23.5%的青少年听说过共青团网站而从未访问，超过 2/3 的青少年甚至根本未曾听过共青团网站。这个数据反映出我们现在的思想政治教育网络平台所面临的窘境。很多高校也曾对本校的学生做过数据调查，结果都是大同小异，超过半数的同学从未浏览过本校的思想政治教育网站，甚至有些同学不知道自己的高校有建立自己的思想政治教育网站。网络平台建立之初所要解决的首要问题就是推广平台，推广工作不过关就不能为同学们所熟知并运用，像清华大学的“红色网站”、北京大学的 BBS 未名论坛之所以取得成功就是因为其前期推广宣传工作很到位。思想政治网络平台的推广最终凭借的是过硬的内容。虽说现在的高校基本上都有自己的思想政治教育网络平台，但部分高校是为了完成任务而建立的，缺乏深耕细作，甚至有的高校建立思想政治网络平台后长达几年没有更新过网站的内容。部分高校的网页仅是简单传达学校的信息和重要讲话等内容，用网络平台的“新瓶”装传统教育方式的“旧酒”，这种做法难以引起大学生的兴趣。因此，创新思想政治教育网络平台的推广方式和思想政治教育平台的内容非常必要。

（三）优质的思想政治网络平台不够整合

如前所述，部分高校建立的思想政治网络教育平台更多是形式上的，缺乏实质上的内容。除此之外，还存在各高校在思想政治教育网络平台的建设上缺乏沟通交流这一较为明显的问题。就现在的基本情况而言，每个高校都有建设属于自己的思想政治教育网络平台，但是创新思想政治教育方式、引导高校大学生形成正确的“三观”应当是全体教育者共同的任务，若只针对自己高校的学生针对性进行创新，一则是学生样本量少，不能对高校大学生有更加全面的认识；二则不借鉴学习其他高校的成功经验，未免显得故步自封。如今各高校共同都面临这一难题——如何建设优质思想政治教育网络平台，作为教育者应当首先进行合作，形成合力，以全国各高校大学生为教育对象，展开调研以寻找解决难题的方法。当然，现阶段实现全国统筹形成合力比较困难，但是先从本地区的各高校开始，建设符合本地区高校大学生现状的思想政治教育网络平台，是非常可取的一种方式。由地区经验推及至全国，可能是比较符合现在实际情况的一种方式。

第二节　高校思想政治教育网络平台建设的制度约束

由于思想政治网络平台建设正处于初级阶段，除了教育主体的素质问题尚待解决之外，与网络平台相关的制度亦未完善起来。众所周知，网络平台由于具有隐蔽性的特征，很多群体抱着不用负责的态度随意在网络平台发言，进而导致网络平台的混乱性和无序性，因而完善的制度构建对于一个成功且运行良好的网站来说是必不可少的。高校思想政治教育网络平台不同于一般的网站建设，它除了需要保证网络秩序的稳定和安全，更需要发挥其根本功能——引导高校大学生群体形成健康的世界观、人生观、价值观。换言之，大学生通过在思想政治教育网络平台上学习有关理论知识，能够将其运用到实践中，积极去生活或学习，成为一个符合社会主义现代化国家建设需要的有为青年。而我们目前的思想政治教育网络平台正缺乏此种功能性机制，主要可以体现为以下三个方面。

一、欠缺评估机制

对于传统的思想政治教育体系，已有相关的评估机制建立起来，这对于思想政治教育网络平台建设具有一定的借鉴意义。总结传统的思想政治教育体系，我们在进行网络平台评估机制的构建时，应当从以下三个方面构建评估机制。

（一）对思想政治教育者和教育对象的评估

与传统思想政治教育一样，网络思想政治教育者的质量决定着教育效果的好坏。但是成功的思想政治教育，不仅依赖于高质量的教育者群体，教育对象的文化水平和理解能力也是影响教育成效的重要因素。如果教育对象的道德素质比较高而且理解能力比较强，那么教育对象就容易接受吸收教育者所教授的思想政治内容，教育质量也会卓有成效，反之同理。因此，建立评估机制的第一步应当是建立起对思想政治教育者和教育对象的评估。思想政治教育网络平台对教育者的评估可以借鉴传统思想政治教育模式，根据教育者的工作成绩、与学生的互动程度以及课程安排等进行评估；对于教育对象的评估则通过问卷调查方式，以期达到根据不同层次的教育对象来因材施教、促使教育者及时反思及更新其教育方法的目的。

思想政治教育网络平台对思想政治教育者和教育对象的评估更为困难，这是由于其特性所决定的。思想政治教育网络平台教育主体更为广泛，平民化和去权威化特征显著；而教育对象更为隐蔽，个性化和自主化特征显著，在具体的评估过程中，影响教育效果的因素相比传统教育方式显得更多且更复杂，因此，造成了评估的困难和缺乏。

（二）对思想政治教育方法和实施的评估

无论是传统思想政治教育还是网络思想政治教育的开展，教育方法和实施都是重中之重，这也是很多教育者一直在研究和探讨的问题。不同于传统思想政治教育，新型的网络思想政治教育对我们提出了很多挑战。网络的即时性、匿名性以及各种信息的干扰必然会对思想政治教育的实施带来诸多阻碍，这也要求我们在进行思想政治教育时，对于所采用的方法和实施手段应当选择顺应时代发展的那一种，并对其不断更新。所以，及时对思想政治教育方法和实施进行评估是必不可少的。网络思想政治教育的实施与成效，与其方法和手段有着密切的联系，即使教育者和教育对象素质水平符合预期，教育目标和内容确定，教育的方法不适合或者实施中出现问题，思想政治教育的效果也是差强人意。因此，在新型思想政治教育模式下，我们的教育方法应当有所转变。丰富多样、活泼生动、寓教于乐的教育方式才能为学生接受，僵硬呆板的填鸭式教育只会被网络时代淘汰。所以，在对思想政治教育和实施进行评估时，应当着重关注学生的接受度和认可度，教育方法的多样性和可实施性也是重要考量因素，当然教育的质量也不能忽视。

（三）对思想政治教育效果的评估

按照时间顺序来梳理，对思想政治教育者和教育对象的评估属于事前评估，对思想政治教育方法及实施的评估属于事中评估，对思想政治教育效果的评估则属于事后评估。而事后评估则是对教育成果的验收，是整个教育过程中最为关键的一步。思想政治教育究竟是否有效是思想政治教育评估的最主要的内容，从效果上看，对思想政治教育的评估可以分为基本有效、有效、非常有效三个档次，对应不同的档次会有相应的改进措施；从效益上看，及时对结果进行反思评估，可以使教育对象的思想政治朝着既定的方向前行，从而会产生有利于社会发展的效益。要对思想政治教育是否有效作出正确的评估，必须注意思想政治教育有效性的表现形式：一是精神效果和物质效果。不仅要注重思想政治教育的成绩与效果，更要注重学生真正在精神层面的长足进步。二是暂时的、具体的效果和长久的、根本的效果。思想政治教育是阶段性、延时性的一门教育科学。我们不应只注意其阶段性的结果即暂时的、具体的效果，更应当综合每个阶段的结果去剖析解决问题，以追求长久的、根本的效果。三是直接的、现实的效果和潜在的、间接效果。思想政治教育作为一门社会科学，它和其他的社会科学也有所交叉，直接的结果是我们通过数据分析等可以直接看出来的，我们也应该研究其对其他学科的影响，以及潜在的、间接的效果。

综合以上三个方面的分析，我们可以看出评估机制的建立对于思想政治教育网络平台建设的重要性。当然，对网络思想政治教育的评估应当从各方面来进行，包括对思想政治教育的目标以及对思想政治教育内容设定的评估等，以上三个方面主要是从影响网络思想政治教育平台建设的主要因素来加以考量。

二、欠缺激励机制

激励在实践中能提高人的积极性，能够有效地激发人的动机和潜能，创造性地开展工作，从而提高工作效率，实现预期目标。激励机制就是通过激励主体和激励客体的相互联系、相互作用，实现激励目标的一种功能制度和运动体系。[1]从激励机制的含义入手，它包括两个重要的方面：激励要素和机制的作用过程，做好这两方面可以使激励机制的作用得到最大发挥。高校思想政治教育过程中的激励机制是激励主体、客体、目标、内容以及激励的方法和手段等要素相互联系、相互作用的过程。在高校思想政治教育中运用激励理论，需要研究的是激励过程中各种要素的构成以及它们之间的关系，更重要的是构建激励机制，这样才可以将激励机制的各个要素组合在一起，让其按照激励原则有条不紊地运行。激励机制具有延续性和反复性，需要反复作用和不断调整。因此，高校思想政治教育的激励机制也不会是一次性的行为，需要根据各种因素的变化及时进行调整，不可能做到一次性解决所有问题。

激励机制是管理学和心理学中的重要内容，激励主体运用多种手段和方法以不断激发人的积极性。合理地运用激励机制可以有效地提高学生的积极性和创造性，激发学生的潜能，在思想政治教育中，尤其是在网络思想政治教育中阻碍重重，激励机制就显得尤为重要。在这里我们应当区分激励机制与一般的奖惩机制，它并非是孩子考试满分家长给予一定的奖励这样的作用方式，而是一种让学生从内心去接受的教育方式，从而使学生愉快地学习和思考，激发学生的潜能。“激励机制”实质就是人的需要得到满足的过程，包含了需要、动机、行为和目标等，再产生新的需要的隐形规律。激励机制的建立对于思想政治教育网络平台建设的重要性不言而喻，由于资金、资源的匮乏，网络信息更新速度极快，思想政治教育网络平台的建设显得举步维艰。而激励机制对于平台建设就起到了一个“维稳”的效果，它能让教育受众从精神层面接受网络思想政治教育这种教育方式。口碑宣传是最好的推广方式，受益的教育受众自然会主动向身边的同学推广宣传。综上所述，激励机制对于思想政治教育网络平台的建设是举足轻重的。然而在建设思想政治教育网络平台时，我们开发者和教育者却忽略了激励机制的重要性。不仅混淆了激励目标，而且激励手段和方法都比较单一、落后。采取的方法往往和传统思想政治教育一致，无非是根据学生在网络上学习的时长进行排名和奖励，其

[1] 李晓晗．高校思想政治教育激励机制研究［D］．吉林：长春工业大学，2017.

实这并非真正意义上的激励机制。结合实践中出现的一些问题，可以从以下几个方面分析激励机制出现的问题。

（一）混淆激励目标

高校进行思想政治教育的最根本的目的就是使学生自主全面发展，培养三观正确的学生，为社会提供最优质的人才。而如何激发学生的潜能，为进入社会做好充足的准备，担负起国家和社会赋予新时代大学生的责任和使命，是我们进行网络思想政治教育的意义所在。我国改革开放总设计师邓小平同志曾指出“能充分将自己的利益和人民群众的利益相结合并具有坚定毅力为之奋斗的人对历史、对社会是有重要的促进作用的”[1]。我们为国家和社会输送的人才不应当是只顾自己利益的精致利己主义者，而应当是能够将国家利益和个人前途相联系的新时代大学生。现在，个别大学生入学前就会接触这样一种观念：上大学就是要拿到奖学金、争取优秀学生干部等荣誉称号、为了综合测评或者第二课堂参加各种活动比赛等。成为更优秀的自己本没有错，但是个别学生过于重视自身发展，会导致其一味地追求名利上的享受，从而最终丧失了自己的思考，不会关注内心发展最需要的东西。这些恰恰是混淆了激励机制的目标，即不应当把物质或地位享受作为引导学生的价值取向。真正的激励目标应当是使学生成长为符合社会主义价值观的人才，即引导学生形成正确的价值观，增强学生的社会责任感，使学生能够将国家命运和个人命运相结合，从而实现个人价值与社会价值的统一。我国现在正处于社会、经济等各方面的转型期，学生面临各方面的诱惑很多，尤其是在网络社会中，部分学生缺乏明辨是非的能力，因此，引导学生形成正确世界观、人生观和价值观，避免学生偏离正确的理想和信念就成为我们高校思想政治教育者的任务与使命。确立正确的激励目标不仅对学生的学术研究有益，充分激发其学术潜力，更有助于其今后道路的选择与发展前景。少一些功利计较得失之人，多一些坚定且纯粹的人，是我们设置激励机制的初衷。

---

[1] 邓小平．邓小平文选第三卷［M］．北京：人民出版社，1993.

（二）激励时效滞后

时效性之于激励机制犹如彩票兑奖、承诺兑现那一刻，一般激励机制都是事先拟定，受教育者心理已经有了一定的预期，而时效性则是保障激励机制按预期运行的最后一道保障。时效性的长短对于激励机制的成效是起着决定性作用的。有心理学家做过相关的研究，及时激励和滞后激励的有效度比例为4∶1，即实施同样一套激励机制，及时激励的成效是滞后激励的四倍，也许只看比例不会感到太大差距，但是如果把这个比例放到我们的高校思想政治教育中来，我国大学生人数多达几千万人，如果拿这个人数乘以这个比例，那么差距就显现出来了。由此可见，及时奖励对于激励机制的重要性是不言而喻的。但是目前高校思想政治教育的激励机制，无论是传统的思想政治教育还是新时代的网络思想政治教育，普遍存在着滞后的情形，司法实践中的“执行难”问题在思想政治教育中也有类似的体现。在教育实践中主要表现为奖惩不及时，虽然有关文件和制度已经事先规定了奖惩的细则及具体时间并进行了公示，但是实际执行过程中却发现与文件规定的并不一致。以大多数高校的奖学金评选为例，每个学期的奖学金是综合上个学期各个同学各方面的表现进行评定等级的，这个荣誉对于学生们来说无疑是一种鼓励，但是在实施中发现从一开始评选到最后奖学金等级评定下来，中间至少有一个月以上的时间，而学生实际拿到奖学金的时间更晚。像类似这种激励时效明显滞后，不利于培养学生的积极性。激励时效并非越短越好，应当结合各种情况确定一个“合理的”时间，多次滞后奖励必然会挫伤学生的积极性和主动性，因此，高校在进行思想政治教育时应当重视这个问题，要结合学生的预期以及其他一些因素的考量，制定一个合理的时效期间并做到严格执行。尤其对于网络思想政治教育来说，它不像传统的思想政治教育，后者采取面对面方式，可以采取直接的物质奖励或者精神表扬，而一般网络思想政治教育则采取的是根据学生学习的积分、学习时长来给予奖励等类似这种教育方式，因此，如何保证激励机制的时效，换言之，保证激励机制的“执行”，是我们需要去探讨的问题。

（三）激励手段匮乏

激励机制包含的东西十分庞大，它的机制原理包含了管理学、教育学、心理学等多学科的内容。所以激励机制的建立不仅依赖于高校的力量，更要结合社会力量，各个部门协同工作是使得激励机制发挥最大功效的有效方法。构建合理的激励机制需要平衡好以下三大关系：一是校内激励和校外激励。校内激励比较容易理解，也是激励机制最常见的一种形式，也就是高校作为激励主体，根据激励客体的表现实施激励的一个过程，我们比较常见的就是各种奖学金、荣誉称号的评选。由于目前高校的环境相对比较保守，校外激励在高校中则是不多见的。其实校外激励可能更加有利于学生的就业发展和全面培养，校外激励相当于一次双向选择，可以为企业提供符合他们标准的优质人才，同时也让学生有机会了解更多就业信息，更加明确其就业方向。因此，校内激励应当和校外激励相结合，这样才有利于学生的全面发展。二是物质激励和精神激励。顾名思义，这两种激励方式也是我们经常见到的，就目前情况来看，高校传统的思想政治教育激励机制较偏重物质激励，而对精神激励如情感激励之类运用的较少；而网络思想政治教育的激励机制则可能更偏向于精神激励，采取如口头表扬之类这种浮于表面的形式，至于物质激励，由于技术条件、执行困难等因素并没有实质上的进展。诚然，物质激励和精神激励是相辅相成的，二者不可偏废。传统的思想政治教育模式偏重物质激励，网络思想政治教育模式偏重精神激励，这两种方式都是不可取的。如果在网络思想政治教育中能平衡好物质激励和精神激励两者之间的关系，对于提高网络思想政治教育的竞争力将会大有裨益。三是正激励和负激励。激励机制应当是正向激励和反向激励相结合的一个过程。诚然，激励机制不只是要正向激发学生的潜能，更要适用负向激励手段来划定一条“红线”，有时候必要的威慑力对于学生的成长是不可或缺的。只有从正反两个方面来刺激学生，才能达到学生全面发展的目的。但是在网络思想政治教育中，我们似乎更推崇的是正向激励，因为高校考量思想政治教育网络平台正处于初期建设的推广宣传时期，如果过多地为同学们划定规矩，必然会让同学们产生抵触心理。但这种想法是有偏差的，我们在建设网络平台初期就应当同时划定“底线”，明确告诉同学们“不可为之事”，这会为后期的网络平台管理节省很多时间，同时也会培养同学们的规矩意识。因而在后续的平台建设中我们应当重视负向激励，让学生知道违反规定的惩罚后果，做到刚柔并举，一个有效运行的激励机制一定是正向激励与反向激励相互作用的后果。

三、欠缺长效机制

2019 年 3 月 18 日上午习近平在京主持召开学校思想政治理论课教师座谈会并发表重要讲话时强调，办好思想政治理论课，最根本的是要全面贯彻党的教育方针，解决好培养什么人、怎样培养人、为谁培养人这个根本问题。要坚持把立德树人作为中心环节，把思想政治工作贯穿教育教学全过程，实现全程育人、全方位育人，努力开创我国高等教育事业发展新局面。近几年来，习近平总书记曾在各种大小的教育工作会议上强调思想政治教育的重要性，我们正处于“互联网+”时代，如何做好网络意识形态教育是我们教育者的共同课题，而思想政治教育网络平台顺利发展的法宝就是长效机制的构建。评估机制和激励机制的建立是为了思想政治教育网络平台能够成功地开展教育工作，即解决“温饱”问题，而长效机制的存在则是为了思想政治教育网络平台能够稳定健康地运行下去，最后到达“小康”状态。长效机制是一种能够在一段相当长的时期内保证制度正常运行并发挥预期功能的制度体系。大学生思想政治教育长效机制就是将对大学生的思想政治教育工作的成果用机制巩固起来，保证大学生思想政治教育工作能够处于良性运行的状态，实现大学生思想政治教育工作的目标和要求。[1] 然而在网络思想政治教育实践中，教育者更侧重于思想政治教育工作在网络平台上的顺利开展，对于今后的教育工作开展抑或是网络平台长期有效的存续问题没有足够重视，导致长效机制在制度构建过程中出现诸多问题。

（一）平台性质定位不清

思想政治教育网络平台建设之初应当解决的问题就是平台建设的性质，

[1] 曹聪．新形势下大学生思想政治教育长效机制的构建［J］．山西农经，2017（9）．

应当明确的是，它不是娱乐平台，也不是纯粹的学习平台，是一种以服务学生为目标、进行意识形态教育的学习平台。在进行思想政治网络平台建设中，我们应当打好服务旗帜，主动引导学生，把握思想政治教育的主动权。而在思想政治教育网络平台的建设刚刚起步时，很多网络平台忽略了“服务”意识，更多是一种学习平台。其无非是将线下的传统思想政治教育以微课的形式传到网络平台上供学生们自行学习，内容枯燥、形式单一，对学生的根本需求没有足够重视。在互联网大数据时代，要使我们的平台建设脱颖而出，就必须要求我们的思想政治教育的内容更加贴近学生的生活，形式更加新颖丰富，一味地生搬硬套结果只能是适得其反。再者，学生的互动需求以及实践需求得不到满足也是平台缺乏“服务”意识的一种表现。在传统的“面对面”教学过程中，老师和学生总会有互动的机会，学生有问题的也可以及时向老师请教。但是实行网络思想政治教育方式后，学生和老师就需要一个互相沟通交流的渠道，实践中往往出现学生在留言板上的问题不能及时得到回复的情况，这样不仅会使教育质量大打折扣，更会极大地挫伤学生的积极性。网络平台应当做好线上和线下服务相结合，线上课程质量固然需要保障，线下的答疑解惑利用起微信、微博、易班等新媒体也同等重要，要切实建立并落实好老师和学生的网络互动机制，真正做到“想学生所想，急学生所急”。学生的实践需求也是同理，“纸上得来终觉浅，绝知此事要躬行”。真正的教育应当是理论和实践相结合，尤其涉及意识形态教育这种比较抽象和难以理解的，更应做到让学生将所学知识外化于实践中，比如，开展网络平台组织主题活动、主题实践以及志愿者活动等，这就使社会主义核心价值观可以渗透到学生的日常生活中，成为其日常行为习惯，做到知行合一。

（二）联动意识有待提高

新形势下大学生思想政治教育不应全是高校的责任，家庭、社会甚至政府都应当承担起学生思想政治教育的部分责任。当然，作为思想政治教育的主体，高校就有着不可推卸的带头作用，只有联动各方力量，营造良好的教育氛围，才能真正培养出符合社会主义核心价值观的新时代大学生。习近平总书记曾指出，思想政治工作从根本上说是做人的工作，必须围绕学生、关照学生、服务学生，不断提高学生思想水平、政治觉悟、道德品质、文化素养，使学生成为德才兼备、全面发展的人才。现在的网络思想政治教育中，只有高校成立教育平台对学习单方面进行思想政治教育，而学生在工作、生活当中尚且缺乏这种思想政治教育的学习氛围。这样的教育方式是不完善的，高校应当作为牵头力量，联合学生家庭、社会以及政府的力量对学生进行全方位思想政治教育。因此，思想政治教育针对的客体不只是学生，已经工作的群体或者未就业的家庭成员都应当是我们的教育受众。学校作为最主要的思想政治教育主体，其责任不可推卸。家庭作为学生成长的第一站，亦是学生活动时间最长的场所，家庭的教育氛围深刻影响学生的思想和日常行为表现，因此，家庭应当承担起学生思想政治教育的初步责任。社会是每个学生学业完成之后必须踏入的地方，初步的思想政治教育已经由家庭和学校完成，踏入社会之后也不能放松对学生进行思想政治教育，这也就联系到我们上文所说我们的思想政治网络平台的受众不应只有学生，更应渗透到各行各业，使每个身处社会的人都能及时接受思想政治教育。政府则是作为强有力的后盾，在网站法治建设、网站监管以及网站安全教育宣传方面起到举足轻重的作用。在这个多元化、分工明确的社会中，每个角色的作用都是不可湮灭的，因而应当建立起学校、家庭、社会、政府共同教育、共同管理、共同监督的联动教育模式，使得大学生的思想政治教育工作实现“全覆盖”。

（三）保障机制尚不健全

保障机制对于网络思想政治教育的顺利开展尤为重要，它主要包括三个方面：专业队伍保障、网络宣传保障、网络安全保障。而在新时代下，思想政治教育网络平台建设的这三个方面的保障都存在问题。首先，在专业队伍保障方面，主要包括专业素质教育者以及专业技术人员，但这两者都不符合新时代下思想政治教育的标准。教师队伍的专业素质亟待提高，其授课的方法和内容急需改进与创新，同时建设兼具思想政治教育理论基础和新媒体网络技术的复合型人才队伍目前严重缺乏重视。其次，在网络宣传方面，我们的宣传手段仍然停留在校内团委进行推广，而对于一些比较新颖的网络新媒体如微博、易班等极少问津。应当充分利用“互联网+”的优势，开展专题思想政治教育，线上和线下宣传相结合，全面占领网络思想政治教育主阵地。最后，在网络安全保障方面，由于技术、资金等资源的缺乏，导致思想政治网络平台在这个方面关注较少。网络上信息较为杂乱，一些不实消息甚至是虚假消息极易引诱学生偏离正常的价值观，因此对于网络安全方面我们应当予以足够重视，引导学生形成正确的“三观”。对此，高校首先可以在学校范围内建立起网络规章制度，向学生普及互联网法律常识，教育引导学生合理利用网络资源，让学生意识到网络并不是“法外之地”。此外，政府应当为学校及时提供支援，加强网络法治宣传教育，加大对校园网络的监管力度，净化网络环境，以不断增强学生的法律意识，给学生们营造良好的网络教育环境。

第三节　高校思想政治教育网络平台建设的观念约束

技术问题随着科技逐渐发达会得到解决，资源稀缺问题可以通过加大资金投入加以解决，制度不完善可以通过一步步落实各个机制来解决，但是唯一不能在硬件上解决的就是人们的观念抑或称为思维。上面两节分析的都是思想政治教育网络平台建设的外部约束，无论是器物或是制度约束，只要引起足够重视，最终都可以解决。但是人们的观念是难以改变的，思想政治教育也是对学生的思想或是思维进行正确引导，尚且需要家庭、高校甚至政府付出大量资金和精力，由此可见，要改变人们固有的观念并非易事，需要教育者做到足够分析之后才能去实施的。自李克强总理在 2015 年政府工作报告中提出制定“互联网+”行动计划后，“互联网+”就作为一种社会热词，被广泛延伸到各个领域❶。国务院《关于积极推进“互联网+”行动的指导意见》中明确提出：“鼓励学校利用数字教育资源及教育服务平台，逐步探索网络化教育新模式。”大数据时代早已到来，传统思想政治教育模式已经满足不了学生的需求，很多教育者尚未意识到互联网对思想政治教育的重要性。部分高校因为“随大流”组建了一个思想政治网络平台，有些高校甚至没有专

❶ 王晓雪．“互联网+”时代大学生思想政治教育面临的机遇、挑战与应对策略［J］．中国教育信息化，2016（6）．

门的思想政治教育网络平台，而是把思想政治教育作为专栏设在学校官网下；教师亦把网络平台简单等同为一种教学工具，把建立网络平台当做是普通授课任务，只要把自己平时授课的内容传至网络即可，没有想过在内容上或者形式上有所创新；学生们则认为网络是用来娱乐放松的地方，并没有形成在网络上学习的习惯，加之平台内容枯燥，形式单一，他们自然会对新兴的思想政治平台产生抵触情绪。这就是为什么互联网普及许久之后，思想政治教育网络平台建设仍然停滞不前、难有新作为的原因。大家固有的思维方式并没有接触互联网这种新型的新媒体传播方式，现如今最需要转变的就是人们尤其是教育者的这种传统观念，让互联网成为助推思想政治教育网络平台建设的有利因素。

新的观念从形成到变成习惯不是一蹴而就的，这需要经历一个复杂漫长的过程。对于老师来说，他们需要在教学实践中对现有的教学方法进行总结反思，再结合学生的反馈，让其意识到固有教育方式的不足之处，这样才能在主观上摒弃原有的教育方式，换一种新的思维去接触网络思想政治教育模式，从而在后续的教育过程中，将教育和网络平台结合起来，采用一种新的教育培养模式，在教学过程中让学生逐渐接受并主动使用思想政治教育网络平台。当然高校决心将网络平台建设好是基础，主体推广宣传工作则由教育者负责，重点在于改变教育者和教育受众的固有观念，而其他的外部问题都可以随着科技的发展而解决。而至于如何转变固有观念，必须解决以下几个方面的问题。

一、重视不够

人们的固有观念之一就是网络的到来对于思想政治教育没有影响，对其不够重视，所以虽然网络为思想政治教育提供了很多机遇，高校也因不能及时抓住机会而错过。这主要表现为部分高校尚未意识到网络平台建设的重要性、对网络平台的定位不清、对其组织不够三个方面。

（一）意识不深刻

很多高校现在所采取的思想政治教育手段仍是比较传统的，主要形式是课堂传授，辅以纸质宣传资料，随着互联网的普及，各大高校也会在自己的公众号上推广宣传，但是单独建立思想政治教育网络平台的并不算多。很多高校没有充分意识到网络平台建设的重要性和必要性，认为通过微信微博等多媒体进行宣传就可以起到和思想政治教育平台一样的效果。这种想法是错误的，这种观点只把网络平台当成了宣传工具，而忽视了其教育功能。建设好思想政治教育网络平台不仅对高校推进思想政治教育大有裨益，对学生正确价值观的养成也起着重要的作用。针对网络上的“快餐文化”，甚至反党反政府的错误信息，这时候建设一个宣扬主流文化的网络平台就显得非常重要，因为思想政治教育网络平台就发挥这样的作用，它能够在纷杂的网络世界里为同学们树起了一面红色旗帜，引导学生形成正确的“三观”，从而为社会提供一名名符合新时代标准的优质人才。由此可见，高校建立独立的思想政治教育网络平台十分有必要，我们必须要抓住“互联网+”时代给我们带来的机遇，提高对网络平台建设的重视度。

（二）定位不清

上文已经阐述了网络平台的性质，它是一种以服务学生为目标、进行意识形态教育的学习平台，因此其不只是单纯地具备教育功能，而是集教育与服务为一体的学习平台。但是实践中网络平台的教育功能也没有充分利用，高校更多是利用了网络平台的宣传、通知服务、沟通功能，即将在官方媒体上发布的消息通过网络平台再向学生传达一次，网络平台相当于是高校与学生之间的桥梁。学生登录网络平台学习大都是因为有学时要求，其余时间不会主动去平台上学习。教育必须是学生感兴趣后自觉主动去学习，如果因为外界因素而被动学习那就谈不上是“教育”。因此，在成立思想政治教育网络平台之初，我们就应当发挥其教育功能，在满足了教育功能之后，才能将平台的目标转向为服务型教育平台，而不是像现在这样一味地追求其宣传功能。

（三）组织不够

在思想政治网络平台建设中，高校和教育者的作用是至关重要的，小至网络板块的开发、课程的发布，大到网络平台建设的走向、采取的教育方式，都需要他们组织。但是高校和老师似乎并没有足够重视思想政治网络平台的建设，对于他们来说，只要平台能够稳定运行下去，任务就算是完成了。至于学生是否接受这种教育模式、学生的反馈能否得到及时回应则都不在他们考虑的范围内。而这归根结底，是高校对网络平台的组织力度不够，尤其是在学生与老师的互动以及学生实践这两个方面。虽然有些高校在网络平台上设置了答疑板块，但是学生的问题总是不能及时得到老师的回复，有时就算是显示有答疑老师在线，学生的反馈意见也不能得到解决。这正是高校对老师的组织力度不够的表现之一，如果加强对老师的组织管理，规定老师每天在线几个小时专门解决学生的问题并且严格加以执行，这个问题则会得到很好解决。老师的及时回复不仅是为同学们答疑解惑，更是让同学觉得自己的努力得到了尊重，如此学生才会更加有信心继续学习下去。再者就是学生实践，几乎很少有高校会在思想政治教育网络平台开辟学生实践专栏，邓小平同志曾说过："实践是检验真理的唯一标准"，只让学生接触深奥的理论知识他们一定会厌烦，只有将理论和实践结合，真正让学生在生活中感受到，他们才能做到真正对思想政治教育有自己的理解。但是现在的思想政治网络平台更加重视理论的输入，并不注重学生反馈的输出，这样的做法是本末倒置的。应当在网络平台开辟一个实践专栏，比如在平时的一些节日里，可以组织大家活动或者发布一些志愿者活动，还可以开展一些具有创新性的主题活动，通过这些实践让学生真正做到知行合一。当然，在这两个方面的组织，还需要高校和教育者一起去努力，为学生建造一个更好的学习平台。

二、理念陈旧

"互联网+"已经是21世纪的一个热门词，几乎各行各业都在进行相应的改革，但是对于教育业来说，网络仅在宣传推广方面起到了很大的作用。很多高校对待思想政治教育更是十分谨慎，抱着保守的态度试探前行。传统思想政治教育模式已经在中国存在了几十年，而网络思想政治教育只是刚刚兴起，人们对于大数据技术的应用观念还比较薄弱，仍然持着旧有的理念，即教育应当采取面授的形式，学生会更容易接纳，然而传统的教育者主导、被教育者被动接受的教育模式已经不再适合新时代的大学生。互联网可以通过数据向我们提供学生的意识形态走向，以便老师及时调整教学方案，除此之外，数据分析能够给我们提供很多帮助，比如通过学生的反馈可以知道教师之后需要工作的重心和需要解决的问题，甚至可以精确到每个学生，做到精准教育。这则是传统思想政治教育所不具备的，传统的“一对多”教育模式忽略了同学的个性，老师很少能够主动了解学生的意识形态走向。因此，高校应当摒弃陈旧的理念，要时刻保持灵敏和前瞻的思维，适应大数据时代快速的发展和信息更迭，并能够及时利用数据分析检验网络思想政治教育的成效。

教育部《2018 年教育信息化和网络安全工作要点》明确提出：要切实办好网络教育，走教育信息化的工作道路，积极开展“互联网+教育”，推动教育信息化融合发展，实现教育信息化的转段升级❶。现在高校的主力军大都是“95 后”，甚至是“00 后”，这一群体属于互联网环境中成长的一代，他们已经习惯了互联网充斥着他们的生活的这样一种生活模式，包括衣食住行，比如我们最为熟悉的滴滴打车、淘宝购物、手机支付、各种外卖 App 等。这说明了大学生已经成为互联网用户的主要群体，高校思想政治教育工作者必须掌握这一机遇，探索出符合当代大学生特点的教育方式。网络对于我们教育者来说是一个很好的工具和手段，我们不能故步自封，自欺欺人，将自己锁在传统教育的盒子里。如果教育者对网络的关注更多是放在批判上，那么学生接收到的信息都是网络危害论。如果教育者过多关注网络的危害而没有看到其带来的机遇，那么思想政治教育网络平台的建设将一直停滞不前。如今互联网已经逐渐成为高校大学生的生活大环境，我们必须承认并且重视这个现状，一味地只接受传统教育那种“主-客体”教育模式，结果只会适得其反。

三、创新匮乏

传统的思想政治教育模式已经不能满足学生的要求，这就需要我们将思

❶ 中华人民共和国教育部．教育部办公厅关于印发《2018 年教育信息化和网络安全工作要点》的通知［EB/OL］.（2019-3-19）［2020-3-25］. http：//www. moe. edu. cn/srcsite/A16/s3342/201803/t20180313_ 329823. html.

想政治教育和“互联网+”深度融合，不能再单单采取传统教育方式，即通过简单地向学生授课、让学生定期完成作业、最终检测的这种方式。网络时代应当改变这种教育模式，在表现形式、表达内容以及学生反馈这些方面都做出一定的创新，做到寓教于乐，让学生真正做到自觉去学习。

（一）表现形式单一

思想政治教育网络平台的建立是以互联网为基础，互联网的多种多媒体技术可以为网络思想政治教育提供很好的教育方式，但是很显然，在网络思想政治教育实践中，网络平台并没有充分利用互联网的优势。多媒体技术通过图片、声音、图像等方式，能将抽象的内容具体化，使得学生更能轻松掌握枯燥乏味的内容。学生都比较喜欢用轻松的方式去学习，对通俗易懂的新鲜的内容更加感兴趣，比起枯燥单一的书本内容，他们更倾向于图片、声音或者视频这些表现方式。但是当前的网络思想政治教育的表现形式就比较单一，并没有充分利用互联网有的多媒体技术。高校更多采取的还是传统的“文字+图片”的表现形式，其中还包括最新开发的网络授课形式，这些方式会让学生们感受不到和传统思想政治教育的区别，难以激发学生对思想政治的学习兴趣。其实采用图片、音频或者视频这种方式进行思想政治教育也可以有很多创新，比如图片，可由专门的技术人才对图片进行相应的处理，可以结合网络流行的一些元素，使得思想政治教育更加贴近学生们的生活，这样焕然一新的方式会让学生更有兴趣去了解和学习；文字也是同理，我们不一定要采取说教的形式向学生“灌输”，可以结合当下发生的时事热点，以小见大，从舆论入手最终落脚教育，这样的教育方式会更让学生产生共鸣，进而产生认同感；对于音频和视频，无论是素材还是内容的选择都是对我们的教育者的一大挑战，这要求教师必须有幽默的授课方式以及扎实的理论基础，能够将枯燥的理论知识形象化，让学生不仅容易理解更要愿意主动去吸收和反思。因此，如何在现有的多媒体技术上对网络思想政治教育的方式进行创新和改进，需要我们多方面去努力。

（二）内容枯燥乏味

新时代大学生最鲜明的特征就是个性张扬，追求新鲜感，“自我意识”开始觉醒。所以他们对于传统的思想政治教育会产生抵触心理，讨厌形式主义，喜欢用新颖的方式去接受新的知识，在生活中更明显地显现出对网络的依赖性，更多的“95后”大学生加入了“低头一族”，网络对他们来说已经是必需品。毫无疑问，传统的思想政治课是以课本为载体，老师直接以授课的方式传输思想政治知识，授课的方式只有这一种形式，比较单一，显然这种方式远远不能满足学生的需求。思想政治网络平台的建设对于学生来说似乎应当更有吸引力，然而事实并非如此。当前的网络平台只是将我们思想政治教育必修的几门课以视频方式传至网络上，供学生自行学习，主要是“思想道德修养与法律基础”“中国近现代史纲要”“马克思主义基本原理概论”“毛泽东思想和中国特色社会主义理论体系概论”，之后则在网上设置题库供学生复习之用，很多学生都是因为学时要求而刷课时。这种方式和传统的灌输式教育并无二异，不过是变了一个表现形式。很多高校并没有实际考虑到学生的需求，思想政治教育的内容是非常重要的，能够教育同学们的不仅仅是书本上的内容，生活中的方方面面都可以作为教育学生的素材。比如，利用时下最热点的事件，针对不同专业类别的学生，以最贴近他们生活的方式因材施教，这种潜移默化的教育是他们最需要的。大学四年可以说是学生形成世界观、人生观、价值观最为重要的时间段，这一时间段必须引起教育者重视，对于网络上所充斥着的各种诱导性信息，我们必须教会学生辨别对错，这就要求我们进行教育时要渗透进学生的生活中，而不是照本宣科，采用新颖的形式或者增添有趣的内容都是可以让学生对思想政治教育产生兴趣的方法。

（三）互动性不强

教师与学生之间的互动对于思想政治教育来说十分重要，通过互动老师可以知道自己在授课过程中存在的问题，学生的疑问能够及时得到解决。在互动中，教师起着主导的作用，其负责话题选择、组织讨论、事后总结等方面的工作，学生则作为互动的主体，直接决定问题的走向。在初始阶段，互动是由教师组织安排的，互动过程中的发展方向由教师进行引导和把控。教师是先导角色，在互动中注意自身的行为，同时对学生互动给予客观准确的评价，以提高师生互动的有效性。实践中大部分高校的思想政治教育网络平台的互动功能并没有充分发挥作用，教师和学生的互动较少。很多高校在网络平台下也设置了答疑板块，很显然这个版块没有起到预期的效果，很多时候学生提出问题后老师不能及时解答，甚至可能超过一个多月才能回复。究其原因就是老师并未对此引起重视，而学生就在得不到回复的情况下也会逐渐放弃和老师的互动。教师和学生之间的互动是非常重要的，尤其是对于不同于“面对面”教学的网络教学来说，它是学生对教师教育成果的一种反馈，能够让教师充分了解学生的掌握度，以待及时调整自己的教学方法。因此，思想政治教育网络平台应当对教师和学生之间的互动引起足够重视。

第五章

新时代高校思想政治教育网络平台建设提升路径

积极打造符合互联网时代发展潮流的高校思想政治教育互联网平台，主动占领校园网络高地，积极宣扬社会主义核心价值观，正确引导校园网络舆论发展态势，为学生成长发展营造和谐健康的网络文化环境，发挥网络思想政治教育途径的作用，深刻挖掘网络空间的育人功能，是新时代高校思想政治教育工作的重中之重。为此，笔者试着从以下几个方面提出建议。

第一节　教育理念实现“三个把握”

新时代下高校思想政治教育网络平台建设的工作归根结底还是教育的工作，是将传统思想政治教育工作与新时代互联网信息技术相融合的工作。新时代下高校思想政治教育网络平台建设工作是利用现代数字化媒体为依托进行思想政治教育的新型教育形式，虽然这是对传统教育形式的变革，但最终还是要落脚到教育这一根本问题上来。

新时代下高校思想政治教育工作的核心问题并不在于创新性的传播途径，而仍在于教育理念的正确把握。创新性的传播方式固然重要，但是树立正确的教育理念才能固本培元，才能保证高校思想政治教育工作的大方向不动摇。

一、把握时代脉搏

（一）技术飞跃带来的时代变革

自第三次工业革命以来，信息化是当今经济社会发展的趋势。网络技术的革新在不断影响人们生活交流的同时，也日益推动着人类文明进步。

网络技术和多媒体技术系信息技术的核心所在，其已然成为拓展人类能力的重要工具，信息技术的发展使得教育理念和科技手段得以充分融合，对高校思想教育模式变革产生了深刻影响。在促进高校思想政治教育模式变革的同时，信息技术最为重要的还是对高校思想政治教育注入了全新理念和驱动力。

首先，信息技术促进高校教育理念从集体向个体、宏观向微观进行转变。网络是把“双刃剑”，其在使高校思想政治教育面临巨大风险的同时，也给予了高校思想政治教育重新焕发生机的可能。信息化时代下，高校思想政治教育面临着来源于各方的困境，如非主流文化渗透、网络监管不严情形下的网络失范行为。但是信息技术也有助于思想政治教育工作者革除传统教育模式内容枯燥、形式单一和模式教条等弊端。在网络环境下，高校思想政治教育易于从细微之处入手，深入贴近学生的日常生活，通过润物细无声的方式潜移默化地影响学生的日常行为，不断增进思想政治教育的趣味性、吸引力、亲和力、感染力，为教育理念的进步与发展带来契机。

其次，信息技术开拓了展现教育理念的全新平台，有助于教育理念表达方式和传播路径的拓宽。在传统高校思想政治教育活动中，教师和学生之间的交流往往局限于课堂知识的传授和课后的提问环节之中，彼此之间的交流空间较为狭窄，不利于高校思想政治教育理念的充分表达。在当前网络环境下，随着QQ、微信、博客、论坛、贴吧和微博等互动交流平台的出现和成熟，师生之间关于高校思想政治教育的交流和沟通形式逐渐丰富多样，使得教育理念的表达更加先进和有效，所影响的范围也不断扩大。

最后，信息技术促使思想政治教育理念传播更为强势，使得高校思想政治教育工作上升到意识形态争夺方面，其目标的开展也更为明确坚定。继报刊、广播、电视等传统大众媒体之后，网络和移动客户端（例如手机）被分别称为“第四媒体”和“第五媒体”，具备传统传媒所无法比拟的优势，信息传播突破时间和空间的限制，能够及时、准确和便捷地扩大文化传播的范围，成为各种利益诉求和社会思潮汇聚的平台，因而也成为意识形态斗争的主战场。

2015年1月，中共中央办公厅、国务院办公厅印发《关于进一步加强和改进新形势下高校宣传思想工作的意见》指出，要加强高校意识形态阵地建设，进一步增强理论认同、政治认同、情感认同，掌握高校意识形态工作领导权、话语权；创新网络思想政治教育，开展高校校园网络文化建设专项试点工作；加强校园网络安全管理，加强高校校园网站联盟建设，加强高校网络信息管理系统建设[1]。网络的开放性和包容性，也滋生出无数低质的网络信息，使得网络环境纷繁复杂，内容多变。高校学生在大学时代，世界观、人生观、价值观仍处于不断发展阶段，尚未完全成熟，如若缺乏适度且正确的思想政治教育引导，极易在网络环境下迷失。高校作为思想文化宣传的重要场所，承担着以核心价值观引领学生成长的重要任务和历史使命，因此，必须主动出击，占领网络舆论阵地，提升思想政治教育网络话语权，引导高校学子增强自身明辨是非的能力，引导其正确“三观”的形成，从而不断促进学生的积极健康发展。

（二）经济发展带来的需求变革

网络信息时代背景下的精神需求既是一种原因，也是一种结果。当个人的生存问题还是一个人生活的重心时，无暇顾及其精神需求。正如马克思所说：人类发展的历史证明，“当人们还不能使自己的衣食住行在质和量上得到充分供应的时候，人们就根本不能获得解放[2]”。而当人们的物质基础能基本满足自身合理需求时，其自然对精神世界予以关注。从我国社会大环境来看，

[1] 中共中央办公厅、国务院办公厅. 关于进一步加强和改进新形势下高校宣传思想工作的意见［EB/OL］.（2015-1-19）［2020-3-25］. http：//www.gov.cn/xinwen/2015-01/19/content_2806397.htm.

[2] 中共中央马克思恩格斯列宁斯大林著作编译局. 马克思恩格斯全集：第25卷［M］. 北京：人民出版社，1974：368.

当人民的物质生活水平逐渐提高时，精神层面的富有不仅是人们有余力去追求的目标，更是其希望且为之奋斗的目标。因为仅有充足的物质资料而精神贫乏时，人们就会失去生活的方向，无所追求，人就会变得庸俗。高校中的大学生更是如此，尚且不用为生计奔波劳碌，此时更需要且更注重的是其精神层面的丰富与提高。同时，当前的高校大学生正处于信息网络高速发展的时代，面对各色各样、五花八门的观点、观念与思潮汇聚时，在尚且不具备足够的辨别虚实真伪能力的情况下，极易受到错误思想的引导，脱离社会主流价值观，以致彻底迷失自我。高校思想政治教育一直以培养“有理想、有道德、有文化、有纪律”的大学生为目标，而一个迷茫、精神层面极度贫困、空虚的高校大学生，又谈何理想？高校担负着培养一名合格的社会主义建设者和接班人的重大使命，如何面对并把握网络信息时代所带来的挑战与机遇，如何用先进的理论武装青年学生的精神世界，形成既适应社会主义核心价值体系又具有独立属性的价值评判能力，这是高校思想政治教育应不断探索的重大课题。

（三）世界融合带来的关系变革

新时代下，信息技术的迅速发展使传统媒体所垄断的话语权被打破，每个人所拥有的言论自由的权利不断得以兑现，网络话语权不断扩大被大部分民众所享有。网络时代下，信息技术极大地缩短人们之间的交往距离，大幅地减少人与人之间的沟通成本。信息化时代下，世界不断变小不断融合。

网络的虚拟性使得人际关系不断发生变革，人与人之间既熟悉又陌生。网络交流的即时性使得人与人之间的交往愈发频繁和活跃，有利于人际关系不断深化。但是，网络交流的虚拟性也使得每个人都得以披上一层外衣，蒙上一层面纱，网络环境下发言相对自由而限制较少，网络谣言、网络暴力、网络犯罪、网络色情等网络话语权失范现象频繁发生，人际关系也因此变得复杂。

在此背景下，高校思想政治教育理念也随之发生变化。

一方面，新媒体网络技术的虚拟性在疏远了学生个体间人际关系的同时，恰恰可以实现思想教育主体与客体间的亲密汇合。这主要是指信息技术在促进师生之间网络交流的重要作用时，缩短了教师与学生之间的距离。通过网络交流，学生除了可以在传统的课堂上领略老师的风采之外，在课堂之外通过网络活动的方式，可以了解许多老师工作和生活上的分享，有助于摘下老师在学生心目中的严肃面纱，帮助学生多元化、多途径地欣赏老师独特魅力，感受专业之外的有益熏陶，促进师生之间的交流。这些都有助于加深思想政治教育工作与受教育者之间的交流，并将高校思想政治教育理念内化到教师日常言谈举止之中，从而影响学生的学习和生活。

另一方面，网络交流的虚拟性也使得不良的网络交流行为频发，需要高校思想政治教育理念抓住重点对学生网络行为进行积极引导。在网络交流范围不断扩大的同时，网络监管也需要逐步跟上。当今网络社会，为民众的言论表达提供了广阔平台，个人话语权进一步扩大，人们可以通过网络自由发表自己对事情的看法和见解，而网络环境下的人际关系有时呈现出一种病态的现象。披在人们身上的这层网络外衣使得人性中恶的部分凸显出来，不少学生在缺乏正确的思想政治教育背景下，利用网络这一表达工具传播大量消极失范的信息，如网络谣言、网络暴力、网络色情、网络犯罪等。

思想政治教育活动的开展总是处在一定的客观环境中的，而外部环境对思想教育活动有着巨大的影响。此处所称客观环境，是指对个人道德观念和思想信念等形成与发展、对思想教育活动开展有着重要影响和制约作用一切外部因素的总和。健康的舆论环境能够增强思想政治教育活动的效果，有助于促进个人形成良好的道德观念和坚定的思想信念；反之，则会极大削弱思想政治教育的效果，甚至造成个人误入歧途，形成不良的社会风气，对社会的进步和发展产生负面影响。网络环境下信息传播开放自由，并且具有匿名特性，信息的筛选也因此变得更加困难，不良信息也因此得以大肆传播，网络舆论环境愈加复杂容易造成人们思想混乱，也给高校思想政治教育带来更为严峻的挑战。面对愈发复杂的网络舆论环境，高校不能仅仅依靠被动消极的应对方式去适应，而必须要积极主动采取措施，充分发挥人的主观能动性，改变、营造、维护良好的校园网络舆论环境。

前文所述网络环境的种种弊端都要求高校在开展思想政治教育工作时要重点关注网络话语权的泛滥以及网路话语权监督等方面，通过传播正确的高校思想政治教育理念，宣扬社会主义主流价值观和价值体系，积极引导舆论正确走向，营造健康和谐、风清气正的网络环境，正确纾解各种冲击人们和社会底线的网络暴力、网络话语冗余等各种网路失范现象。

在全球化背景下，不可避免地会发生社会文化、思想文化、意识形态、多元价值观念和社会思潮激烈碰撞，人际关系也呈现出复杂多样的情形。社会的多元化使得思想政治文化不可能只存在一种情况，多元文化为主流的社会环境对思想政治教育文化隔离机制具有削弱作用，增强了思想政治教育的开放性，因此，高校思想政治教育也应当转变理念，主动接受开放、多元的价值理念，广泛吸收世界各民族的优秀文化资源，但是在核心的意识形态领域必须牢牢占据绝对地位，保证社会主义核心价值观不被动摇。

二、把握教育方向

（一）党的教育方针

教育方针是指党和国家根据历史发展阶段和现实情况提出的有关于一定时期内教育工作总的方向和指导方针，是国家教育政策的大纲和总概括，也是指导国家教育事业发展的基本原则和行动纲领，确定了教育事业的基本发展方向。培养怎样的人，为谁服务，是关涉教育事业全局性的根本性问题，因此，教育的根本目标和发展方向是教育方针的核心内容。特定社会性质的教育方针与社会所处历史阶段及其经济、政治、文化有着密不可分的联系，简言之，社会不同历史阶段的教育方针不同，即使在同一历史阶段，由于其社会经济、政治、文化需求不同，教育方针也会有所差别。

我国的教育方针是由我国社会主义社会的性质和现代化建设的发展要求决定的。1999 年 6 月，中共中央、国务院召开了第三次全国教育工作会议并作出了《关于深化教育改革全面推进素质教育的决定》，决定全面贯彻落实党的教育方针，革除以往教育观念和教育实践中存在的弊端，改变以往只重视智育，轻视德育、体育和美育的“唯分数论”教育观念。大力推进素质教育，塑造“有理想、有道德、有文化、有纪律”“德智体美全面发展”的社会主义事业接班人。

党的十八大报告指出，要“坚持教育为社会主义现代化建设服务、为人民服务，把立德树人作为教育的根本任务，全面实施素质教育，培养德智体美全面发展的社会主义建设者和接班人，努力办好人民满意的教育”。2010年国务院审议发布的《国家中长期教育改革和发展规划纲要（2010—2020年）》对党的教育方针的论述道：坚持教育为社会主义现代化建设服务，为人民服务，与生产劳动和实际相结合，培养德智体美全面发展的社会主义建设者和接班人[1]。

当前，我国正处在改革的深水区和攻坚阶段，国家发展也步入关键时期，社会各个方面都在发生着复杂而深刻的大变革。改革开放不断深化使得我国社会生产力、人民主体意识、竞争观念、法治观念等得到前所未有的巨大提升。但是，西方敌对势力对我国的“演变”“分化”行动并未松懈，反而有愈演愈烈之势，企图通过思想渗透、文化输出等方式来争夺我国思想前沿阵地，改变我国青年的思想意识。

面对复杂的国际国内形势，我国紧密结合国情以及时代特点，以“培养德、智、体、美等全面发展的社会主义事业的建设者和接班人”的历史使命为出发点，从科教兴国的战略高度出发，进一步认识到了改进思想政治教育工作的重要性。党和国家更加重视网络舆论和意识形态建设，出台相关文件和政策，多次强调要进一步加强网络舆论环境和意识形态建设工作。党的十九大报告明确指出，要加强互联网内容建设，建立网络综合治理体系，营造清朗的网络空间。习近平总书记在中央网络安全和信息化领导小组第一次会议中指出，大力培育和践行社会主义核心价值观，审时度势、富有实效地对网络舆论进行引导。2015年1月，中共中央办公厅、国务院办公厅印发《关于进一步加强和改进新形势下高校宣传思想工作的意见》指出，做好高校宣传思想工作，加强高校意识形态阵地建设，是一项战略工程、固本工程、铸魂工程。

校园网络意识形态建设是党的意识形态工作的重要组成部分，也是西方敌对势力进行思想渗透、文化输入的重点对象，这意味着加强校园网络意识

---

[1] 中华人民共和国教育部. 国家中长期教育改革和发展规划纲要（2010—2020年）[EB/OL].（2014-7-20）[2020-3-26]. http://old.moe.gov.cn/publicfiles/business/htmlfiles/moe/info_list/201407/xxgk_171904.html.

形态建设是国家网络意识形态建设的重点工作之一。思想政治教育在高校意识形态建设中具有不可替代的地位，只有大力提升思想政治教育网络话语权，才能不断增强思想政治教育对校园网络舆论和意识形态建设的影响力，从而建设和维护好校园网络安全。从某种程度上来说，党和国家对网络意识形态建设的时代新要求，也为高校网络思想政治教育的发展和进步提供了新契机。

（二）党的政策要求

教育政策与教育方针虽然在内容上具有相似性，但各自具有不同的特点与地位，从特点上看，教育方针较教育政策而言更具有稳定性，在某一历史时期只有一个教育方针，且从制度主体上看，前者一般由中央党政机关制定，后者的制定主体级别差异较大，二者不能混淆，否则将导致各自的执行出现困难甚至失误。自互联网进入中国，党和国家便对网络思想政治教育予以高度关注，虽未明确提出或出台相关政策，但从中央一系列重要文件和中央领导人的重要讲话中可以看出，其对占领网络高地、加强网络文化建设、开展网络思想政治教育等方面给予了高度重视，而这些相关文件及重要讲话都能成为教育政策的依据，是确立和实施高校思想政治教育的原则与指导思想。如《中共中央国务院关于进一步加强和改进大学生思想政治教育的意见》中提到要“主动占领网络思想政治教育新阵地”“牢牢把握网络思想政治教育主动权”。

（三）相关法律法规

相对于教育方针与教育政策而言，法律法规更为具体化，更具有操作性。近二十年来，各国家机关，包括国家权力机关、国家职能部门对互联网建设、“互联网+”高校思想政治教育、校园网管理等方面作出了相关规定，前者如第九届全国人民代表大会常务委员会通过《关于维护互联网安全的决定》，后者如国务院第 31 次常务会议通过的《互联网信息服务管理办法》、2003 年 5 月 10 日文化部令第 27 号发布的《互联网文化管理暂行规定》等。

因此，在网络思想政治教育的教育方向的把握上，不仅要始终围绕党的教育方针这一具有全局性的大方向，也要对相关教育政策的内容予以重视，同时在操作手段方面，要依法依规。

三、把握教育规律

（一）全人教育

全人教育的说法来自人本主义教学理论，该理论是在人本主义学习观的基础上形成并发展起来的，根植于其自然人性论的基础之上的。罗杰斯作为人本主义教学理论的代表人物，他指出："全人教育即以促进学生认知素质、情意素质全面发展和自我实现为教学目标的教育"。在人本主义教学理论中，罗杰斯指出：现实的教育中情感与认知严重分离，然而人类教精神世界中，情感和认知是不可分割的部分，是相互融合的❶。因此，人本主义教学理论认为，教育更重要的功能在于针对学生在情绪、意志、道德、态度等方面的情意需求，帮助其在认知、情感、意志等方面均衡发展，培育健全的人格，而非仅仅教授其谋生的知识、技能❷。

"全人教育"理念既重视社会价值，又重视人的价值，系整合以往"社会本位"与"以人为本"两种教育观念而形成的教育新理念。这是一种理想的教育观念，也是中外教育家的一种理想追求。在西方教育学家的观点中，他们将全人教育视为以下几点：第一，关注个人智力、情感、社会性、艺术性、创造性的全面开发；第二，寻求人类的相互理解与生命真谛；第三，注重培养人文精神；第四，鼓励学科互动与知识整合；第五，主张精神生活与物质生活平衡；第六，培养具有整合思维的地球公民❸。

（二）以人为本

新时代下，高校网络思想政治教育平台建设体现了以人为本的要求。当

❶ 高晓兵．基于全人教育理念的中职学校德育实践——以北部湾职业技术学校为例［J］．教育观察，2018（4）．

❷ 孙远，王淑敏．有效发挥教学中的情感因素［J］．厦门教育学院学报，2003（2）．

❸ 谭敏，范怡红．西方当代全人教育思想探析［J］．外国教育研究，2006（9）．

代大学生思维活跃、富于创新、具有较强的主体意识，也更喜欢互动式教育，讨厌单向、填鸭式地灌输学习，而这与传统高校政治教育课堂的现状出现较大的差异。目前，大学生对网络的依赖性十分强烈，几乎人手不离网络，离不开手机、电脑等现代智能电子设备。网络的活跃性十分贴近新时代下大学生的学习特点，若可以将高校思想政治教育工作通过网络平台等方式深入大学生网络学习之中，将有助于丰富学校与学生之间的沟通渠道，使得高校思想政治教育工作更加符合学生的需要和贴合学生的特点，实现对大学生全方位育人。

（三）教育主客体关系的重建

在传统的思想政治教育过程中，教育者占据教育活动的主动权和话语权，受教育者仅仅处于从属地位，无法支配教育过程。教师与学生之间这种不平等的教育地位，直接影响了高校思想政治教育效果。

在互联网还不甚发达的时代，纸媒体作为信息的传播的主要媒介。传统思想政治教育工作者凭借其信息数量、获取渠道、传播途径等方面的优势，在思想政治教育活动中占据主导地位，控制着高校思想政治教育的话语体系，主导教育活动话语权；受教育者处于天然话语权弱势地位，缺乏话语表达能力。教育者与受教者之间地位不平等，缺乏平等的对话权，引发教育主客体关系失衡现象的产生❶。高校思想政治教育的主客体关系失衡现象，破坏了教育者和受教育者之间话语权的平衡关系，使得学生往往消极被动地结合思想政治信息的灌输，直接导致高校思想政治教育低效率。高校思想教育过程中的教育主客体关系失衡现象是高校思想政治教育的教育者话语权异化，实质上是教育工作者在开展思想教育活动时，以自我为教育主导中心，忽视受教育者的话语权和表达能力，仅仅单向地向受教育者输入教育内容，要求其被动接受思想教育知识❷。高校思想政治教育过程中出现的“失语”状态，对思想教育的效果产生负面阻碍作用。

---

❶ 魏荣，戚玉兰．高校思想政治教育网络话语权研究［J］．学校党建与思想教育，2017（17）．

❷ 陈飞．论思想政治教育话语霸权［J］．黑龙江高教研究，2010（2）．

因此，在互联网时代下，在高校思想政治教育网络平台的建设过程中，高校思想政治教育理念如何把握教育规律，重建教育主客体之间的关系显得尤为重要。提倡平等化、民主化的教育理念，重新转移和分配高校思想政治教育主客体之间的教育话语权，打破高校思想政治教育被教育者垄断的现状，为受教育者提供可以充分发表个人意见的实践平台，是解决现行高校思想政治教育主客体失衡现象的重要路径。

第二节　教育内容实现“三个结合”

实现高校思想政治教育的稳进发展，关键不仅在于正确选择、把握教育方向上，更在于优化教育内容。无论是传统的思想政治教育方式还是网络思想政治教育方式，若教育内容陈旧、落后，导致学生对此无感、排斥甚至反感时，都会使其与教育目标背道而驰。以往的思想政治教育内容还存在“空洞泛化”的问题，既严重脱离大学生的日常生活实际，回避现实问题，又无法真实回应教育需求，导致教育空有名头，流于形式。在新时代背景下的高校思想政治教育内容应当避免上述弊病，做到将学生的现实需求和实际需求相结合、线上教育和线下教育相结合、理论教育与实践教育相结合，由此使得高校思想政治教育话语向大学生实际生活回归、靠近，切实提升高校思想政治教育发展水平。

一、将学生现实需求和实际需求相结合

现实需求不同于实际需求，二者的侧重点存在差异，前者立足于学生的长远发展，而后者更侧重于学生当前的需要。不论是学生的现实需求还是实际需求，高校思想政治教育工作者都应当予以充分重视。忽视实际需求只顾现实需求，容易导致不切实际，学生的燃眉之急尚且不能得到解决，谈何解决仍未现实化的问题？只解决了学生实际问题，却缺乏对学生发展的长远考虑同样不能获得学生的认同感与归属感。此外，当代大学生的个性化特征意味着其学习需求的多样化与多元化，学生的差异性特征则更意味着其自身的现实需求与实际需求具有独特性。因此，新时代高校思想政治教育不仅应重

视现实需求以及实际需求本身，更应当将二者相结合，注重学生群体各方面、各维度上的需求，真正实现“以学生为本”。而如何将现实需求与实际需求相结合，高校思想政治教育工作者可以从以下几个方面进行：首先，从教育内容方面，我们的思想政治教育的内容更加贴近学生的生活，将抽象的意识形态的理论回归于实践，使得形象化甚至趣味化。其次，从教育形式方面，充分利用网络形式的新颖性与丰富性，如利用符号、图片、文字、视频等诸多形式，声情融汇、图文并茂，从视觉、听觉等多感官多形式反复刺激，使学生直接接触生动、直观、形象的思想政治教育。最后，从教育互动方面，学生对思想政治学习的热情和积极性可从与老师以及其他学生的互动交流中得到激发与维持，然而目前的网络思想政治教育平台并不能满足学生的互动需求。

二、将线上教育和线下教育相结合

在“互联网+”时代，探索高校思想政治教育新模式，既不能一味固守线下教育，也不能埋头只顾建设网络思想教育平台，二者均不可偏废，换言之，只有“线上”“线下”一起抓，才能不断扩展高校思想政治教育的射程范围，推进高校思想政治教育可持续发展。就线上教育而言，应当注意教育形式和教育内容两个方面：对于前者，应当充分运用网络平台多渠道、多维度的优势，巧妙应用网络、新媒体、大数据等技术，促进资源共享、教育教学互动；对于后者，教师亦不能仅是将传统思想政治教育照搬到网络上、换汤不换药地进行单向灌输式教育，而应将抽象的思想政治理论形象化，使之更为贴近学生生活、能与学生产生共鸣，从而激发学生自主学习的积极性。而就线下教育而言，其重点在于构建并完善畅通的沟通交流机制。当前的网络思想政治教育平台较传统的“面对面”式的思想政治教育课程授课方式相比，较为突出的一点不足就在于师生互动效率低下，在实践中的表现及危害主要在：一是老师答疑具有滞后性，即目前的网络思想政治教育平台并未实现实时交流，具体而言，学生在网络思想政治教育平台上进行思想政治教育学习时，虽然能在答疑板块留下其所产生的疑问，然而其并不能像传统授课方式那样及时得到老师的答复；二是老师回复以及学生回顾的不确定性，即对于学生在留言板或答疑板块留下的学习疑惑，老师是否能看到、是否会去看以及是否现实解答存在不确定性，相对的，学生是否会再一次回顾其所留下的问题同样存在不确定性；三是学生二次交流受限，即学生若是对老师的回复仍然存疑，如认为老师的回复不明确、不正确，又或想与老师进行更深一步的探讨，那么他将再一次面临如前所述不确定性。可见，这样师生互动的方式不仅在一定程度上影响学生学习的积极性，还会在相当程度上影响学生吸收知识的有效性。而构建畅通的线下沟通交流机制则可有效地弥补上述线上教育所具有的缺陷，对此，老师应当引起足够重视，充分利用其即时通讯软件，比如QQ、微信、微博、易班等，增加师生互动的机会，真正做到“想学生所想，急学生所急”。

健康的网络文化环境才能使大学生的思想得到有益熏陶，美好心灵得以塑造，良好情操得以陶冶，网络信息素养得以提高，否则大学生将在混乱、无序的虚拟世界中逐渐迷失自我，彻底丧失辨别、抵制各种不良、低俗信息的能力。高校应当为营造良好网络氛围提供助力，实现线上线下育人合力，从而达到校园环境促进大学生发展的目标。

三、将理论教育与实践教育相结合

“纸上得来终觉浅，绝知此事要躬行”，真正的教育离不开理论和实践相结合，尤其对于思想政治教育这种涉及意识形态的理论知识而言，较其他学科更具有抽象性，稍微有些晦涩难懂，学生难以理解。因此，高校的思想政治教育更要注重让学生将所学知识外化于实践中，比如开展网络平台组织主题活动、主题实践以及志愿者活动等，促使社会主义核心价值观渗透到学生的日常生活中，让学生在现实生活中感受到思想政治理论的魅力，成为日常行为习惯的一部分。

所谓理论自觉是指主体重视理论基础并主动加强理论学习，用理论知识指导实践活动，同时也主动对实践活动进行反思总结。现如今，网络早已成为高校思想政治教育的重要阵地，为适应时代趋势和思想政治教育工作发展，就必须要着力提升网络话语权，以占领校园网络阵地，传递正能量、弘扬主旋律。但是，不得不承认的是，在现实中存在诸多问题阻碍校园网络话语权的提升，比如，话语内容枯燥、缺乏吸引力、传播度不足等问题，如何破解这些现实困境，是当下实现提升校园网络话语权目标所要面对的现实课题。对于高校思想政治教育工作者而言，就应当提升个人理论自觉意识，加强对于思想政治教育理论及话语体系的反思和研究，完善自身理论知识体系以指导实践活动；同时还应当及时总结思想政治教育工作中的得与失，总结归纳现实工作的经验教训，以促进理论体系和话语体系的完善与进步。因此，现实中所出现的种种问题虽然反映出思想政治教育话语理论对思想政治教育实践活动的指导力下降，但这并非表明思想政治教育话语理论不起作用，而是提醒教育工作者提升网络话语权的现实必要性和紧迫性，激发教育者对实践中的问题进行深刻反思，总结、归纳、提炼宝贵的现实经验教训，不断更新、完善思想政治教育话语理论，更好地满足实践活动的需要。

打造一支高校思想政治教育网络宣传员队伍，不应仅仅依靠高校教职工，而应当将大学生也囊括进来，师生同心协力才能够贴近话语接受者，了解他们的心理、情感和生理诉求；同时，“新鲜血液”的流入也可以丰富话语内容、创新话语方式。所以，高校应当重视网络宣传队伍建设，提升宣传工作者自身的信息筛选和甄别能力，选取恰到好处的话语内容和话语方式，以丰富、多元的内容和方式吸引学生兴趣，完成对大学生进行话语传播和引导的工作。

第三节　教育能力实现“三个提升”

自古有云：“师者，传道、授业、解惑者也。”

《中华人民共和国教师法》第三条明确规定：“教师是履行教育教学职责的专业人员，承担教书育人，培养社会主义事业建设者和接班人、提高民族素质的使命。教师应当忠诚于人民的教育事业。”因此，从教育主体角度来看，高校思想政治教育工作者作为高校教师队伍的重要组成部分，承担着完成高校学生思想政治教育的重要使命；从教育内容来看，思想政治教育作为一项培养人的社会实践活动，具有明确的目的性，它的实现是思想政治教育者的神圣使命。

在当今复杂、多变的网络环境下，各种各样的信息得以在网络中自由传播，不少信息往往真假难辨。然而，大学生现阶段的社会阅历尚浅、理性分析能力和辨别能力还不够成熟，面对质量参差不齐的网络信息，往往会陷入一种迷茫的困境之中，甚至容易不小心在网络中迷失自我。在这种情况下，高校思想政治教育者作为教育活动的策划者、组织者和引导者，有义务利用自身所学知识积极发挥自身主观能动性，大力传播正能量，传授学生正确选择和接收信息的能力，抵御各种腐朽思想的侵蚀。

当然，高校思想政治教育者所拥有的丰富思想政治教育知识并非是与生俱来的，也是通过后期不断学习，不断提升个人思想政治素养，从而获得传道、授业和解惑的能力的。具体而言，高校思想政治教育者的教育能力主要需要从政治素养、育人素养和媒介素养三方面着手，不断提升自身的思想政治素质和综合素质。

一、政治素养的提升

（一）强化高校思想政治教育者的网络阵地意识

与以往以纸媒、电视等传统媒体作为思想文化宣传阵地不同，网络已经成为当今社会思想、文化、意识形态汇聚斗争的主要战场，倘若放任腐朽、落后的思想文化占领网络，那么优秀文化将无所生存。事实上，西方国家凭借其在网络技术方面的“先发优势”，以更为先进的网络技术手段为依托，掌握网络话语权主导优势，不断利用网络技术进行资本主义意识形态的宣传活动，企图对我国青少年进行思想渗透和文化输入。网络空间监管相对困难，大量恶俗、低俗、媚俗的不良信息大肆传播，严重败坏了网络环境；此外，网络话语权失范现象也愈加增多，对网络舆论走向产生了巨大的负面效应，并且，大学生理性甄别、分析能力尚未成熟，容易受错误观念影响，误入歧途。

在上述背景下，高校思想政治教育承载的宣传社会主流价值观，弘扬主旋律的任务和使命，就必须增强话语体系主动权，占领网络话语阵地，用积极正面思想引领网络舆论。而强化高校思想政治教育工作者网络阵地意识，需要思想政治教育工作者重视网络信息对学生成长过程和思想信念的影响，自觉主动履行职责，强化校园舆论的监督，关注网络不良风向，积极开展思想政治教育网络传播实践，以在面对复杂的网络争斗时牢牢掌握话语权，弘扬社会主旋律，传播正能量，关注高校意识形态建设工作，为大学生成长营造健康的网络环境和良好的舆论氛围。

重视网络舆论阵地的原因在于：其一，网络是各种思想、意识形态交汇的平台，是意识形态的前沿阵地。若不主动占领这一网络思想政治教育新阵地，就为其他腐朽的思想文化提供了可乘之机。纵观国际形势，一些国外敌对势力、不法宗教势力或者其他非法组织已经试图通过网络技术、夺取网络话语权，利用网络技术进行意识形态渗透和思想攻势，分化大学生思想观念。其二，网络的低门槛使得一些民众得以行使其所谓的“言论自由”的权利，以致频频出现网络话语权失范现象，如编造、发表虚假不实言论，传播低俗、媚俗信息，散布反党反政府等与主流意识形态不和的内容等。其三，大学生是社会主义事业的建设者，是国家后备人才生力军，但是其本身受制于年龄、阅历的限制，尚且不具备足够的理性分析能力和辨别能力，若没有正确的价值观对之加以引导，其极易于受到错误的思想观念的影响，致使其无法形成正确的“三观”。

因此，高校思想政治教育工作者应当对强化其网络阵地意识给予足够重视。高校思想政治教育工作者作为教育主体，就必须认识到网络话语阵地的重要性，积极引领校园舆论发展，才能够在复杂的网络环境中掌握主动权。其可以从以下几方面予以强化：第一，自觉履行职责，加强对校园网络舆论的监管，其中又可以拓展为事前预防，实时监督，事后教育等三个方面。第二，向同学们普及相关法律知识与常识，让其树立正确的言论自由权利观，在不背离公序良俗的情况下表达自己的观点，培养其网络道德伦理观念和网络法律意识，让其认识到网络并非法外之地。第三，积极开展网络思想政治教育实践，带头弘扬正能量，引导学生形成辨别真伪、辨别是非的能力。

（二）高校思想政治教育者要有坚定的政治立场

2019 年 3 月 18 日，在习近平总书记在京主持召开的学校思想政治理论课教师座谈会上，习近平总书记强调思想政治教育课教师“政治要强、情怀要深、思维要新、视野要广、自律要严、人格要正”六个方面的要求。将这些要求具像化到高校思想政治教育者身上时，第一个方面——“政治要强”就要求高校思想政治教育者“让有信仰的人讲信仰，善于从政治上看问题，在大是大非面前保持政治清醒”，进而“以透彻的学习分析回应学生，以彻底的思想理论说服学生，用真理的强大力量引导学生”。

高校思想政治教育工作者自身要有坚定的政治立场信念，即“打铁还需自身硬”，但是从另一个角度来说，高校思想政治教育工作者还必须有坚守政治立场、坚守思想阵地的能力。口头上的泛泛而谈，流于形式对其坚定政治立场毫无助力和作用，思想政治教育工作者应当不断学习、加深对马列主义和包括毛泽东思想、邓小平理论、科学发展观、习近平新时代中国特色社会主义思想等一系列马克思主义中国化的成果的理解。思想政治教育者在提升政治素养的同时，还要加强政治教育本领，有力批驳错误思潮，引导学生正确思考，帮助其树立正确的社会主义价值观。

二、育人素养的提升

（一）夯实基础全面掌握思想政治教育基本理论

长期以来，西方国家“西化”“分化”我国的企图始终没有改变，它们发动的文化入侵、思想攻击从未停止。伴随着网络时代的到来和全球化进程向前推进，近年来，西方国家攻势愈发强劲，活动愈发频繁。西方国家借着网络技术发展的风潮，加强了思想文化、意识形态、价值观念、社会思潮的输出，冲击我国高校思想教育阵地，企图争夺高校网络话语权。可见，互联网和新媒体的发展被西方国家恶意利用，为其文化和意识形态输出提供了便利。对此，高校思想政治教育者应加强对党的政策进行学习、探究，提升自身网络技术水平，夯实理论基础，全面掌握我国思想政治的基本理论，为抵制西方不良的社会思潮提供强大助力。

中共中央办公厅、国务院办公厅印发的《关于进一步加强和改进新形势下高校宣传思想工作的意见》提出：“要创新网络思想政治教育，开展高校校园网络文化建设专项试点工作，大力推进校报校刊数字化建设，探索建立优秀网络文章在科研成果统计、职务职称评聘方面的认定机制，着力培育一批导向正确、影响力广的网络名师，立足校园网站建设开办一批贴近师生学习生活的网络名站名栏，建设一支由学生和青年教师骨干组成的网络宣传员队伍，打造示范性思想理论教育资源网站、学生主题教育网站和网络互动社区，推进辅导员博客、思想政治理论课教师博客、校务微博、校园微信公众账号等网络新媒体建设。”因此，我们应当加紧建设思想政治教育宣传队伍，从教师和学生中吸收优质的“新鲜血液”，优化队伍结构，提高队伍素质，增强队伍理论水平和技术能力，提升队伍战斗力。

网络信息开放性与共享性打破了横在教育者与受教育者之间的信息不平衡，处于信息优势地位的高校思想政治教育者不再享有信息优势。在传统的高校思想政治教育中，教育渠道比较单一，教育环境也相对封闭，课堂教学、社会实践是传统思想政治教育的主要形式，思想政治教育工作者是教育活动组织者、主导者，具有制度安排和角色赋予的优势权力，其信息来源稳定、可靠，由此长期占据着教育信息的优势地位。相比之下，学生囿于社会发展信息、政治教育信息的种种限制，无法自身渠道获得有关信息，而只有通过教师才能获得信息。由此，占据信息优势的思想政治教育工作者就实现了思想政治教育话语权的支配和控制权，学生只能处于被动接受的从属地位，网络技术的发展改变了这种传统的单向模式，而能以更加简单、方便、快捷的方式获取信息，极大地降低信息获取、信息发布的成本，打破信息传播的时空限制。在网络空间中，每一个人都是信息的生产者，同时也是信息的消费者，大学生也就此拥有了更多信息获取渠道，而不再困囿于书本、课堂教学等传统渠道，信息获取能力有了质的飞跃，获取方式也有了更多选择。在此种情况下，教育者与受教育者处在同样的信息环境中，信息获取权利是相互平等的，这在一定程度上也消解了思想政治教育者的话语权威。失去天然话语权威加持的教育者，更应该夯实自身理论知识和网络技术水平，通过自身的高尚品德、优秀能力、人格魅力影响学生，增强教育效果。

（二）紧跟时代全面提升语言表达能力

很长一段时间以来，高校教育模式都是依赖于灌输理论知识、价值观念等传统的话语模式。这种单一枯燥的话语模式显得十分生硬刻板，不仅很难吸引学生关注，甚至会适得其反，造成学生的厌恶反感，最终背离高校思想政治教育的目标和宗旨。可见，育人素养的提升不仅在于深化内容的理论程度，优化语言表达方式同样重要。

话语形式的变革会产生不同的效果，简单粗暴的单一话语形式是高校思想政治教育话语权所面临的瓶颈。话语形式并非仅仅是一种表达模式，同时也是主体行为方式和思维方式的展现。通过某种特定的话语形式，话语表达者和接收者得以接收对方所传递的话语信息，因此不合适的话语方式会造成话语接收者接收、理解信息的阻碍。换言之，思想教育话语方式直接影响教育效果。这也给思想政治教育工作者以启发：除了要不断丰富话语内容，变革话语形式，还应该做到因材施教，针对话语接受者的不同情况、教育内容和教育目的差异，选取适合教育对象的话语方式。

传统的思想政治教育模式使教育者处于“高高在上”的地位，大多数教育者无论是有意还是无意，往往都习惯于采取命令、说教、指示的话语形式，这种话语形式以直接灌输为其典型特征。无论是课堂教学还是课外实践活动，思想教育工作者很难注意到，教育者与受教育者之间存在着平等话语形式可能，忽略了话语形式多元化的重要性。当然，知识的灌输是重要且必不可少的，但是单纯地依赖灌输方式又是不够的，相反，积极探索更多话语形式的可能性，丰富话语表达形式，才能达到教育最优化结果。当今大学生主体意识觉醒并不断增强，其话语权也有一定程度提升，大学生能在其中平等地进行互动交流，此时以过去的灌输式、控制式方式实现教育目的已变得不再现实。换言之，网络信息时代迫使教育者转变与大学生的对话方式，使教育者与被教育者处于平等的地位。教育者灌输的权威性逐渐被消解，大学生自己就可以通过网络自主选择信息。老师与学生之间进行平等对话事实上更能体现出老师作为“指路人”的角色，直接拉近了教育者与受教育者的距离，使教育者贴近大学生的生活与实际。同时，平等地交互活动也会激起学生的交流欲望，从而愿意与教育者进行深入的交谈，接受思想政治教育，教育者才能真实、准确地掌握学生思想动态，及早发现并采取措施解决问题。

总之，在网络话语表达、传播实践中，高校思想政治教育工作者应该主动寻求改变，将传统居高临下的说教方式转变为平等式的话语方式，尊重大学生主体意识和话语权诉求，做到真诚、和谐、平等的沟通交流。

（三）志存高远致力提升个人素质

由于个体具有不同的成长经历、社会背景、家庭环境，其长期形成的思维方式、行为方式、知识储备也有不同，这就是教育者的个性。思想政治教育并不是单一进程，其中既可以有目的地开展教育活动，而直接影响受教育者的思想观念，也包括潜移默化、润物无声的形式，无形之中影响受教育者的思想信念。在后一种教育方式中，思想政治教育工作者的个人品质、道德、行为、价值观念、人格魅力等方面变得尤为重要，对受教育者有着重要的引导示范作用，试问无德、无能之辈如何要求受教育者养成诚实善良的优秀品德，何以引导受教育者树立坚定的思想信念和价值观念，又如何以自身人格魅力和言行举止获得受教育者的信任和尊重。雅斯贝尔斯曾说："真正的权威来自内在的精神力量，一旦这种内在的精神力量消失，外在的权威也随之消失。"[1] 实质上，其所称的"内在的精神力量"可表现为一种感染力或者号召力，体现在教育活动中就是教育者在进行思想政治教育活动时所展现的风格、人格魅力以及实践经验而获得了学生的崇敬，这个学生不自觉地就会以他为为人处世的榜样。因此，教育者的优秀品格、高尚情操、渊博知识、社会阅历、人格魅力等自身特质能够在无形之中增强教育者话语权，赢得受教育者的尊重。

三、提升思想政治教育工作者的媒介素养

媒介素养，又称传媒素养，是指人们基于不同传媒的特性、功能的认知能力，对大众媒体传播信息进行分析、解读、判断的能力，及运用传媒信息

[1] 卡尔·雅斯贝尔斯．什么是教育［M］．邹进，译．北京：三联书店，1990.

为个人发展、社会发展服务的能力[1]。坚定可靠的政治素养、扎实过硬的技术素养、良好的媒介素养，是衡量思想政治教育工作队伍素质的重要因素，是提升高校思想政治教育网络话语权的队伍素质保障，换言之，提升网络话语权要求教育者除了具备扎实的专业知识和丰富的工作经验外，还应当具备灵活运用网络媒介以获取、整理、分析、传播教育信息的能力，以满足网络信息时代的教育需求。

由教育部公布的《普通高等学校辅导员队伍建设规定》（教育部第 43 号令）第五条规定了辅导员的主要工作职责，其中第 6 项明确规定："运用新媒体新技术，推动思想政治工作传统优势与信息技术高度融合……运用网络新媒体对学生开展思想引领、学习指导、生活辅导、心理咨询等。"同时在十一条规定："将优秀网络文化成果纳入专职辅导员的科研成果统计、职务（职称）评聘范围。"不仅如此，在教育部关于印发《高等学校辅导员职业能力标准（暂行）》的通知中，对初级、中级、高级辅导员在网络思想政治教育这一职业功能方面要求依次递进，不难发现，辅导员等级越高，其应具备的媒介素养越高，对于初级辅导员仅要求能够熟悉网络语言特点、熟练使用新媒体技术；而中级辅导员则要在此基础上能够有效整合网络资源，能通过网络平台主动发布相关内容；高级辅导员更是要在具有影响力的学术期刊以第一作者身份发表 5 篇以上网络思想政治教育学术论文。以上种种规定可见教育工作者提升网络媒介素养的重要性。

提升网络媒介素养，思想政治教育工作者要着力培养自身的信息意识和信息感知能力，自觉主动地搜集、分析、整合、判断信息。然而仅仅具备最基本的信息获取能力尚且不够，还需要具备筛选、排除、甄别、整合、分析、使用信息的能力，从而能对抑制校园网络不良信息的产生、散播起到事前预防、事后及时处理的作用，扮演起信息"把关人"的角色。对此，高校在督促教育者认识网络思想政治教育重要性和必要性的同时，应当重视思想政治教育者的网络技能培训，定期组织网络技术学习，帮助他们熟练运用网络交互工具以及与网络建设、网页设计、平台运营等有关的技术工具。扎实掌握网络技术能够为

[1] 刘勇，王海霞．当代媒介素养教程［M］．合肥：合肥工业大学出版社，2007.

思想政治教育工作者提供技术支撑，提升其信息“把关能力”，净化校园网络空间，营造风清气正的网络舆论环境，增强高校网络思想政治教育话语权控制力、影响力。

（一）打造网络教育新阵地

教育的开展离不开平台和阵地，对此，我们必须完善旧平台、搭建新平台，借网络发展的“东风”提升教育效果，占领高校思想政治教育话语权高地。事实上，不论是完善旧平台还是搭建新平台，都是为了能将枯燥的意识形态教育与多元、丰富的新媒体相结合，规避理论的抽象性，增添教学的趣味性。因此，从结果的形式上来看，都是将平台打造成具有吸引力、竞争力的思想政治教育专业平台，这些平台展示思想政治教育内容，融合了文字、图像、视频等多种元素，符合当代大学生的群体特征，吸引学生目光，激发学习兴趣。此外，还可以通过这些平台实现即时交流、平等沟通，学生可以抒发情感、表达思想，老师可以掌握大学生思想动态和心理特点，以此作为坚定大学生理想信念的基础。

完善旧平台主要是指优化传统的思想政治教育类网站，因为高校主要通过该校官方的思想政治教育网站传播思想政治教育内容。但从现实使用情况来看，虽然各高校均建立了相应的思想政治教育网站，却存在部分高校对该网站长期置之不理的情况，出现内容陈旧、版面简陋等问题。对此，高校应当加强对这类网站的建设，重视学校的门面建设。

搭建新平台，是要拓展高校思想政治教育话语权实现的新领域。高校要跟上时代发展，应当调整平台结构，尤其要挖掘、利用新平台，将大学生思想政治教育和主流意识形态的内容嵌入其中进行教育。这些网络教育新平台可以利用微信、QQ、微博、BBS 论坛、博客、人人网站等原来主要用以聊天的社交平台。以下将以微博、微信为典型对如何拓展话语权新阵地进行论述。

加强高校官方微博建设。大学生兴趣广泛而乐于接受新鲜事物，相对而言时间也更为充裕，是微博平台用户的主流人群之一。微博是自媒体时代的典型产品，其具有前所未有的强大表现能力，具有低门槛、低成本、高效率的特点，甚至有人把微博称为“永不闭幕的新闻发布会”。在自媒体横行的当下，高校也应该紧跟时代趋势，正确认识官方微博在思想政治教育方面的作用，充分挖掘、利用官方微博的教育、引导、凝聚、服务等功能，使高校官方微博成为网络思想教育的新阵地。对此，高校应当主动进行官方微博建设，打造一支官方微博运营队伍，积极主动转发、发布与主流价值观和先进文化相关的内容，提升其话语影响力。除此之外，还可以发起关于思想探讨、人文探索、互动交流的话题，鼓励大学生充分利用转发、评论、私信和收藏等方式参与互动，提升大学生的参与感。

加强高校官方微信公众号建设。与微博平台类似，微信业已成为我国最具有时效性的信息传播平台之一，微信融合了文字、图片、视频、语音等多种互动形式，有助于使用者直观表达和传播信息。作为新生代大学生必不可少的交流通信工具，大学生对微信具有很强的依赖性，高校可以加强官方微信公众号建设，利用微信公众平台向学生推送讯息，从而提高了思想政治教育话语被阅读的可能性，同样也能起到官方微博同样的教育效果。并且，高校思想政治教育工作者也应该重视微信公众平台这一网络新阵地，尝试开设个人微信公众平台账号，向学生宣传正面信息。微信公众号的信息推送应当注重内容趣味性，贴近大学生生活，以大学生的学习、生活、工作、求职等话题为出发点，关注学生情感需求、心理状况和思想动态，及时解答他们的困惑和疑问，充分发挥思想政治教育网络话语权的引导力[1]。

（二）创新话语形式

简单地将网络流行语引入思想政治教育就能实现思想政治教育话语权的提升是不切实际的，丰富话语形式，强化信息处理能力是思想政治教育工作重要的一环。在网络信息时代，话语表达并非单单局限于文字形式，图片、视频、音频、动画等形式都可以成为话语表达和传播形式，这些新兴表达形式具有生动形象、吸引力强等特点，能够快速吸引人们的“眼球”，迎合了现如今消费文化的社会大背景。相较之下，传统的思想政治教育话语表达形式

[1] 文小交，彭建国．提升高校网络思想政治教育话语权的路径探析［J］．湖南人文科技学院学报，2017（3）．

就略显单一，普遍的文字形式表达让人倍感枯燥乏味。要想提升思想政治教育网络话语权，首先就要思考如何进行话语表达能够引起大学生的广泛关注并产生认同感；否则，所有愿景也会沦为空谈。例如，高校红色党建网站内容多以政策文件、领导讲话、党建新闻等内容为主，采取照搬照抄的“拿来主义”方式，难以吸引学生关注，相应地，学生也很少主动访问这些内容。由此可见，传统话语表达方式已经难以适应当今大学生的认知需求，创新话语表达形式 势在必行。尝试将蕴含核心价值观、社会主流思想观念的内容与丰富多元的表达形式相结合，通过视频、音频、动画、图片、可见，传统的高校思想政治教育网络话语形式，已经不能满足新时期大学生的认知需要。所以，提高高校思想政治教育网络话语权的吸引力，就必须创新话语形式，将承载着社会主义核心价值观念的思想政治教育话语内容与网络带来的丰富多样的话语表达方式相结合，通过视频、音频、图片、动画等多种形式，在新兴媒体平台进行传播，以求吸引学生关注，增强内容感染力。

（三）把握话语时机

话语时机，即解决话语表达的时间问题，强调表达时间的恰当性。话语时机对于话语内容传播而言具有重要意义，选择正确的话语时机，能够引发受众共鸣，增强话语传播力与感染力；选错或错过对的话语时机则可能使事情发生无法挽回或意想不到的后果。简言之，把握住话语时机在一定程度就掌握了主动权。相应地，若在进行高校校园舆情引导时，能够抓住话语时机，能够发挥话语表达的最大效果，提升话语表达影响力，对舆情处理有着举足轻重的作用。

校园网络相对单纯，但由于网络的开放性、匿名性特点，校园网络中仍旧存在着少量的不良信息，校园网络环境同样十分复杂。学生存在诉求或者情绪时，往往会选择校园 BBS 论坛、微信、QQ、微博等社交媒体软件进行情绪发泄。以校园贴吧等校园论坛为例，其中发布的帖子内容中经常可以看到学生的情绪发泄：或抱怨学校不合理制度规定，或抱怨校园食堂卫生问题，或抱怨晚间断网断电问题，不一而足。在这些帖子中，可以看到学生表达中所带有的强烈个人情绪，讨论内容又紧密贴合学生生活，部分学生可能有同样诉求或者同样经历，相互之间存在强烈的情感共鸣。倘若任由学生网络评论大量聚集，极易酿成网络舆情事件的导火索。如果未把握话语时机，及时进行引导和纾解工作，就会演变成校园群体事件，对校园教学、生活和安全方面都会产生严重影响。因此，高校和思想政治教育工作者要重视学生校园情绪发泄言论，对校园舆论保持敏感度以及警惕性，或将苗头及时掐断，或在舆情爆发之时，抓住话语时机，及时介入进行引导纾解工作，引导学生克制个人情绪，对事情做出客观的分析和判断，防止事态扩大化、严重化，避免引导连锁反应，维护校园安全与稳定。

参考文献

［1］宋向东 .5G、光纤、互联网　中美各有所长［J］. 通信世界，2018（26）：41-42.

［2］谢群，徐建军 . 高校辅导员网络思想政治教育话语权的建构——基于网络语言视角［J］. 湘潭大学学报（哲学社会科学版），2018，42（1）：148-153.

［3］习近平 . 践行社会主义核心价值观融入教书育人全过程——在第二十三次全国高等学校党的建设工作会议上的讲话［N］. 重庆日报，2014-12-30.

［4］张瑜，冯务中 . 虚拟与现实：现代思想政治教育的新范畴［J］. 学校党建与思想教育（上半月），2008（10）：32-34.

［5］习近平 . 把思想政治工作贯穿教育教学全过程，开创我国高等教育事业发展新局面——在全国高校思想政治工作会议上的讲话［N］. 光明日报，2016-12-9（01）.

［6］季海菊 . 跨界思维：新媒体视域下思想政治教育载体选择的一种理性向度［J］. 南京邮电大学学报，2010（3）：101-104.

［7］张淑美、蔡淑敏译. 学校为何存在？美国文化中的全人教育思潮［M］. 台北：台北市心理出版社，2007.

［8］孟祥萌 . 高校思想政治教育网络话语权提升研究［D］. 北京：中国矿业大学，2015.

［9］李晓晗 . 高校思想政治教育激励机制研究［D］. 长春：长春工业大学，2017：9.

［10］邓小平 . 邓小平文选（第三卷）［M］. 北京：人民出版社，1993.

［11］曹聪．新形势下大学生思想政治教育长效机制的构建［J］．山西农经，2017（9）．

［12］王晓雪．“互联网+”时代大学生思想政治教育面临的机遇、挑战与应对策略［J］．中国教育信息化，2016（6）．

［13］中华人民共和国教育部．教育部办公厅关于印发《2018 年教育信息化和网络安全工作要点》的通知［EB/OL］．（2018-3-13）［2019-3-19］．http：//www. moe. edu. cn/srcsite/A16/s3342/201803/t20180313_329823. html.

后　记

新时代新形势下，我国正面临百年未有之大变局，社会环境更为开放，舆论环境更为复杂，技术革新速度更为迅速，高校思想政治教育网络平台建设也面临着前所未有的挑战与机遇。

我自 2003 年从事辅导员工作，在 2007 年开通“人人网”，先后通过建设个人博客、微博、微信公众号等多个网络平台开展思想政治教育工作，累积发表博文 400 余篇 20 余万字，深受学生的喜爱和好评，收到了良好的教育效果。本书是我多年来对我国高校开展网络思想政治教育的粗浅思考，也是对个人网络思想政治教育实践的全面总结。借助重庆市高校辅导员择优资助计划，本书得以出版，在此对各级领导给予我的关心和支持表示感谢。

同时，更要感谢我所有的学生，正是因为你们的信赖，我才可以走进你们的内心深处，看到人性的光辉，也看到自身工作的价值，这是我能够坚守辅导员这个最平凡的工作岗位近 20 年的重要原因。

最后，要感谢我的家人，是你们的大力支持才得以顺利完成全部书稿。作为一名辅导员，虽然经常“白加黑”“五加二”，但是我的家人对我的工作特别理解和支持。在本书写作的过程中，牺牲了许多陪伴女儿的时间，内心十分愧疚，但是我坚信自己努力勤奋的工作就是对女儿最好的教育。

从 2003 年毕业留校后成为一名辅导员，到如今将关于思想政治教育网络平台建设的所有实践和思考总结后出版成书，已经 17 年整。今年的我，刚好 40 岁，这也许是人生最好的年纪，身体尚健壮，经验且丰富，激情仍在。谨以此书作为我辅导员工作新的起点，不忘初心，砥砺前行。